Ingrid Keminer

Als Gaia die Erde erträumte

INGRID KEMINER

Als Gaia die Erde erträumte

EINE KOSMISCHE LOVESTORY

INNANA'HA
Eine Galaktische Wesenheit erzählt
die Geschichte unserer Erde

Hinweis: Das in diesem Buch veröffentliche Wissen wurde der Autorin in Form von Channelings übermittelt. Channel können Informationen aus höheren Geistebenen empfangen und weitergeben. Kriterium für deren hohe Qualität ist die Liebe, die jeder in seinem Körper wahrnehmen kann. Bei den Informationen, die von einer ernstzunehmenden Wesenheit übermittelt werden, fühlen wir im Herzen eine Liebesschwingung, die wir auf der Erde so nicht kennen. Channelings geben Denkanstöße, dürfen aber niemals Druck ausüben oder Ängste erzeugen. Es gilt immer der uneingeschränkte freie Wille.

Dieses Buch wurde sorgfältig erarbeitet. Eine Garantie kann jedoch nicht übernommen werden. Die Haftung der Verfasserin und ihrer Beauftragten für Personen-, Sach- und Vermögensschäden ist ausgeschlossen.

Bücher haben feste Preise.
1. Auflage 2016

Ingrid Keminer
Als Gaia die Erde erträumte

Mitarbeit:
Cornelia Brüning

Titelseite:
Original Artwork © Josephine Wall. Used under license.
Gestaltung: Dragon Design, Wendland/Elbe

Satz und Gestaltung:
Dragon Design, Wendland/Elbe
Gesetzt aus der Galliard

Gesamtherstellung:
Appel & Klinger, Schneckenlohe
Printed in Germany

ISBN 978-3-89060-693-4

Neue Erde GmbH
Cecilienstr. 29 · 66111 Saarbrücken
Deutschland · Planet Erde
www.neue-erde.de

GAIA

Die Erde ist mein Körper
Die Luft ist mein Atem
Das Feuer mein Geist
Das Wasser mein Schoß

Widmung

Dieses Buch widme ich allen, die voller Neugierde und Fantasie dem Leben begegnen.

Allen, die offen für die kleinen und großen Wunder und voller Liebe für das Leben sind.

Ganz besonders aber den Kindern, die mit ihrem Lachen und Vertrauen unsere Welt erhellen.

All das kann ich auch in den Augen meiner wundervollen Enkel Sarah, Linah und Philip sehen, für die ich diese Geschichte weitergeben möchte.

Und auch einem großartigen Mädchen der neuen Zeit, Lucy, die mir Mut gemacht hat, dieses Buch zu veröffentlichen.

INHALT

TEIL II – DIE TEMPEL DER FÜNF ELEMENTE

VORWORT

Ist wirklich alles miteinander verbunden seit Anbeginn der Zeiten? Ist das gesamte Leben doch nicht in einer zeitlich chronologischen Abfolge erschaffen worden, wie es uns beigebracht wurde? War schon alles da? Gab es keinen Urknall? Ist die Welt wirklich erträumt worden – aus Gedanken entstanden, die sich in Materie verdichteten und schließlich manifestierten?

Als ich das erste Mal die galaktische Wesenheit INNANA'HA im Fünf-Elemente-Workshop in Schneizlreuth im Jahr 2014 durch Ingrid hörte, zum ersten Mal ihren Geschichten über die Entstehung des Lebens lauschte, haben sich mir neue Horizonte geöffnet. Zum ersten Mal spürte ich etwas, das ich vielleicht multidimensional nennen könnte. Neue Wirklichkeiten, neue Welten, neue Möglichkeiten?

In unserer dreidimensionalen Welt verstehen wir so viele Dinge nicht. Wir beurteilen alles im Universum gemäß unserem Raum-Zeit-Kontinuum, halten dies für die einzige Realität, ohne auch nur darüber nachzudenken, ob unsere physikalischen Gesetze in anderen Dimensionen und Schwingungsbereichen ebenso existent sind oder einfach nur ein Teil von diesem unglaublich großen holistischen Universum.

Unsere christliche Kultur hat uns gelehrt, wir seien die Krönung der Schöpfung und stünden über der Tier- und Pflanzenwelt. Der Gedanke, die Erde mit ihrer Fauna und Flora sei ein großes galaktisches Schöpferwesen, wie es die Urvölker kennen, ist uns fremd. Was aber wäre, wenn wir ein gleichwertiger Teil des Ganzen wären und uns nicht alles untertan machen müssten?

INNANA'HA erzählt, dass über Äonen der Zeit, so lange, dass selbst die Ältesten nicht mehr davon wissen, wir von großen Schöpferwesen erschaffen wurden, versehen mit einer göttlichen DNA, um den göttlichen Funken in einer materiellen Form auf der Erde zu manifestieren, eingebunden in das große Ganze.

Wollen wir unseren Planeten nach Äonen der Zeit, in denen dieses Wunder Erde mit all seinen Lebewesen entstand, in so kurzer Zeit zerstören? Oder fügen wir uns wieder ein?

Ein erster Schritt ist, dass ich mir meiner selbst wieder mehr bewusst werde und lerne zu verstehen, wie die Welt entstanden ist – und somit erkenne, dass ein Teil von allem in mir und ein Teil von mir in allem ist.

INNANA'HA hat uns dies – wie in alten Zeiten – an den verschiedensten Orten der Erde gelehrt: durch das Fühlen der Natur, das Erlauschen der Geräusche von Tieren und Pflanzen und durch das Erkennen des unglaublichen Netzwerkes der Bäume, aber auch der Bergrücken, Höhlen, Gletscher und Flussläufe.

In diesen Momenten habe ich mich eins gefühlt, mit dem Universum, dem Kosmos, der Erde, den Tieren, den Pflanzen – und den Menschen.

Es ist ein wahrhaft quantenhaftes spirituelles Erleben, das Ingrid Keminer mit den wunderbaren Geschichten in diesem Buch an alle weitergibt.

Vielen herzlichen Dank!
Cornelia Brüning

EINLEITUNG

Es hat bereits begonnen, der Prozess der Wandlung ist nicht mehr aufzuhalten! Endlich, nach Aberäonen der Zeit dürfen wir unser wahres Wesen wiederkennen und die kosmischen Gesetze als die »Gesetze des Lebens« neu entdecken.

Die Wiedergeburt unseres echten Wesens, das spirituell ist und immer war, steht kurz bevor. Uns als Menschheit wird eine neue Sichtweise angeboten und damit verbunden eine neue Lebensweise.

Zuerst müssen wir jedoch verstehen, dass wir ein Teil des Kosmos sind, und aufhören, uns getrennt von allem zu betrachten. Wir dürfen wieder lernen, dass alles »beseelt« und mit »Bewusstsein« versehen ist. Das bringt unsere gewohnten, linearen Vorstellungen erst einmal stark ins Wanken!

Dabei tun sich für uns unvorstellbare neue Welten auf – Science Fiction und Fantasy werden jetzt tatsächlich Realität! All das, was wir tief in unseren Herzen schon immer wussten, wird nun wahr.

Unsere Welt wird reicher, größer und multidimensionaler werden – unser Denken und Erleben unbegrenzter und voller Magie! Ganz neue Dimensionen werden für uns jetzt erfahrbar. Wir lernen, im kosmischen Netz zu »surfen«, und verstehen uns als ein Teil des Ganzen.

Kosmisches Denken und Freundschaften auf galaktischen Ebenen werden für uns damit selbstverständlich. Zuerst ist es jedoch unabdingbar, diesen wundervollen Planeten – auf dem wir leben und dessen »Gäste« wir sein dürfen – als lebendiges, voll bewusstes, fühlendes Wesen zu verstehen.

Mit diesem Verstehen und Erkennen muss unsere Menschheitsgeschichte vollkommen neu geschrieben werden. Die Wesenheit GAIA als »Mutter« unserer Erde zu betrachten – das übersteigt unser lineares, intellektuelles Vorstellungsvermögen bei weitem!

Und dennoch, wie wunderbar wäre es, nicht mehr »Beherrscher« der Erde sein zu müssen, sondern ein Teil von ihr sein zu dürfen!

In diesem Moment kann ich meine Liebe für die Erde fühlen, sie wertschätzen, achten und liebevoll behandeln. Es wird für mich selbstverständlich, mich um »Gaia« zu kümmern und dafür zu sorgen, dass es ihr gut geht.

Ein neuer Zyklus beginnt, die Zeit der Gemeinsamkeit – die Liebesbeziehung mit unserem wundervollen, liebevollen und geduldigen Planeten Erde!

INNANA'HA ist eine großartige kosmische Wesenheit, die uns im Mai 2014, im Rahmen der Initiationsarbeit mit dem »Tempel der Fünf Elemente«, mit ihren Erzählungen über die Entstehung der Erde aus kosmischer Sicht ein großartiges Geschenk gemacht hat. Ihre berührenden Geschichten sind ein erleb- und fühlbarer Ausdruck der Liebe unserer »kosmischen Verwandtschaft«.

Ihr liebevolles Angebot, unseren Blickwinkel quantenhaft zu erweitern, führt uns in eine neue, sehr viel größere und weitaus reichere Welt. Sie zeigt uns, dass es noch sehr viel mehr gibt, als es unser begrenztes Wissen zulässt und unsere linearen Wissenschaften anbieten.

Fantasie und der Mut, außergewöhnliche Erfahrungen zuzulassen, unsere Liebe für das Leben und unseren wunderbaren Planeten wird der Star Trek, eine Sternenreise, in unsere Multidimensionalität sein.

Der Göttliche Samen

Ich Bin der Samen,
der aus der Göttlichen Quelle ausströmt,
um in den unendlichen Universen,
Bewusstseinsimpulse für das Leben zu setzen.

Die Essenz der Seele strömt durch Zeit,
Raum und Dimension,
um einen Platz einzunehmen,
an dem sie in Göttlicher Liebe und Weisheit
zum Höchsten Wohle aller dienen kann.

(Channeling Ingrid Keminer)

TEIL I

Als Gaia die Erde erträumte

Gaias Traum

Die Galaktische Wesenheit INNANA'HA erzählt die wunderbare Geschichte einer großen Liebe, der Liebe von Gaia zur Erde, ihrem Kind.

Vor Aber- und Aber- und Aberäonen der Zeit, als Mutter Gaia ihre Liebe so sehr fühlte, um wiedergeboren zu werden, versammelten sich im Himmel, auf feinstofflichen Ebenen, die großen Planetenwesenheiten. Sie kamen zusammen, um Mutter Gaia zu beraten.

Gaia war schon immer eine sehr eigenwillige Planetenpersönlichkeit! Schon seit jeher hatte sie ihre eigenen Vorstellungen, die nicht unbedingt in das Konzept der anderen passte. Aber man respektierte sie, denn sie war ungemein kreativ.

Nachdem sie sich Aber- und Aber- und Aberäonen der Zeiten durch die Universen bewegt hatte, um einen Platz für sich zu finden, spürte sie eine ganz besondere Energie, von der sie sich angezogen fühlte.

Sie beschloss, diesem gerade neu entstehenden »Energiecocktail«, wie ihr es nennen würdet, eine Form zu geben und einen neuen Planeten zu gebären!

Die großen Planetenwesenheiten waren zu Beginn nicht besonders erfreut darüber. Sie gaben Gaia zu bedenken, dass für dieses Vorhaben enorm viel Energie benötigt würde.

Gaia jedoch hielt in ihrem tiefen Inneren das Muster eines unendlich kreativen Planeten aufrecht, da sie in diesem neu entstehenden »Energiecocktail« genau jenes Muster zu erkennen glaubte, das mit ihr in Resonanz ging. Und so bat sie darum, sich nun als Planetenwesenheit profilieren zu dürfen. Die großen Planetenwesenheiten gaben ihr hierzu Ratschläge.

Nachdem sie sich alle Ratschläge eine Zeit lang angehört hatte, wurde ihr klar, dass es nicht ganz so einfach werden würde, wie sie es sich vorgestellt hatte. Deshalb bat sie die großen Planetenwesenheiten nochmals um ihre Hilfe.

Diese kamen erneut zusammen, um zu beraten – und dieses Mal brachten sie auch die Sternenwesenheiten mit. In einer großen galaktischen Versammlung beschlossen sie, wie sie Gaia unterstützen könnten.

Das Grundprinzip sollte zuerst geboren werden, so dass eine gewisse Form sichtbar werden würde. Dann sollte eine Zeit kommen, in der sich die Muster ordnen würden, so dass die Struktur entstehen konnte. Damit wurde das »Feld« für die Samen vorbereitet.

Die Sternenwesen sagten:
Dies ist unser Zeitpunkt. Dann werden wir die Samen säen – die Galaktischen Samen der Großen Göttin – der Großen Urmutter der Zentralsonnen.

Jedes dieser Sternenwesen hielt ein ganz spezielles Samenmuster, das zu einer bestimmten Zeitqualität in die neu entstehende Struktur von Gaia eingebracht werden sollte.

Das wichtigste jedoch war, dass sich Jahreszeiten zu formen begannen. Und so wurden die Jahreszeitenwesenheiten gefragt, ob sie bereit wären, zu einem ganz bestimmten Zeitpunkt – wenn die Muster sich geordnet, die Struktur sich geformt hatte und zu erkennen war, wie die Muster in eine materielle Form zu bringen wären – den Dienst zu übernehmen.

Es entstanden die Gezeiten – das Kommen und Gehen, das Auf und Ab der Sonne. Die großen Zyklen des Werdens und Vergehens begannen auf diesem Planeten, den Gaia in ihrer großen Kreativität mittlerweile in eine wundervolle Form gebracht hatte. Man konnte die neue Erde bereits schon weit aus dem Universum sehen.

Als die großen Sternenwesen und Elementwesenheiten, die Abgesandten der Galaxien und Abgesandte aus weit entfernten Universen erneut zusammengekommen waren, sahen sie dieses Wunder.

Sie sahen eine wunderschöne, durchsichtig strahlend hellblaue Perle in der Dunkelheit der Galaxie! Und sie wussten, Gaia hatte das verwirklicht, was sie schon immer in ihrem Herzen geträumt hatte.

Die Geburt des blauen Juwels

Samen der Liebe

Vor Aber- und Aber- und Aberäonen der Zeit, als sich der wunderschöne Planet Erde zu formen begann und Gaia ihren schwangeren Leib öffnete, um dieses blaue Juwel, das einzigartig in eurem Universum ist, zu gebären, kamen viele außerplanetare hochschwingende Wesenheiten zusammen, um Gaia zu unterstützen, damit dieses Wunder, das aus ihrem schwangeren Leib geboren wurde, in eine Manifestation gehen konnte.

Und so wurden von den Galaktischen Völkern viele Samen in liebevoller Weise zusammengetragen:

Die einen brachten die Erinnerungen an die sphärischen Musiken, andere die Erinnerungen an den Hauch der Luft. Wieder andere Erinnerungen an lodernde Flammen und die Wärme der Sonne, wieder andere die Vision des Lebens, das im Element Wasser liegt.

Zuerst aber wurde der »Erdensamen« erschaffen und tief in das Herz von Mutter Gaia gesenkt, damit aus ihrem Herzen heraus alles belebt werden konnte und durch die Liebe der Galaktischen Völker physisches Leben auf diesem Planeten entstehen konnte.

Mutter Gaia öffnete ihr Planetenherz, und aus diesem Herzen wuchs ein »Strahl der Liebe« hinaus in den Kosmos und zog wundervolle hochschwingende Wesenheiten in das Zentrum ihres Herzens.

Als der Strahl der Liebe gesetzt und die Frequenzbahnen der Liebe geöffnet waren, versammelten sich erneut die Galaktischen Nationen, um zu beraten, was nun als nächstes zu tun wäre.

Es kamen all jene zusammen, die die Erinnerung der Flamme des Lichts in sich trugen. Es kamen jene zusammen, die die Erinnerung des Lufthauches und der sphärischen Klänge in sich trugen. Es kamen jene zusammen, die die Erinnerungen des Lebens, des fließenden Wassers, in sich trugen.

Und es kamen all jene zusammen, die tief mit den Wesen der sich gerade entwickelnden Wesenheit Erde verbunden waren. Und sie beschlossen, aus allen vier Stoffen – Feuer, Wasser, Erde, Luft – das Leben zu formen.

Der Rat der Erdwesen und die Elemente

Willst du wissen, wie die Geschichte weitergeht?
Vor Aber- und Aber- und Aberäonen der Zeiten, als sich die Berge erhoben, die Seen geboren wurden und die Lüfte diese Welt formten, floss das Wasser und erschuf die Landschaften.

Vor Aber- und Aber- und Aberäonen der Zeit, als die großen Erdwesen noch diesen Planeten bevölkerten, wurde der »Rat der Erdwesen« zusammengerufen. Dies waren mächtige Wesen! Sie leben noch heute im Inneren der Erde, wohin sie sich zurückgezogen haben.

So kam der Rat dieser mächtigen Wesen zusammen, um darüber zu beraten, wie sich dieser Planet weiter formen sollte und welche Anteile die großen »Hüter der Elemententore« dabei haben sollten.

Das Element Feuer sagte:
Ich erwärme die Erde. Und ich verbrenne das Alte, all das, was überholt ist, damit Neues wachsen kann. Das ist eine wichtige Aufgabe!

Es sagte das Element Luft:
Ich streiche um die Berge und gebe ihnen die Form. Ich male ihnen Gesichter, so dass wir sie erkennen können.

Das Element Erde sagte:
Ich bin der Untergrund, ohne mich kann gar nichts entstehen.

Und leise plätscherte das Wasser daher und sagte:
Ich fließe einfach durch alles hindurch. Ich wasche, spüle, forme und werde zum großen gewaltigen Ozean, der viele Wesen beherbergt. Aus mir wird letztendlich das Leben entstehen.

Dies alles musste gut beraten werden. So einigte man sich darauf, dass alles seine Zeit haben sollte.

So gab es eine Zeit des Feuers, in der Gaia brodelte, sich erweiterte und Erdensamen in die Welt hinausspuckte.

Es gab eine Zeit, in der die Luft alles kühlte, so dass die Formen, die sich aus dem Feuer erschufen, in eine Struktur hineingebracht wurden und sich alles beruhigte.

Damit war endlich die Erde entstanden! Aber sie war noch sehr heiß, und es floss noch immer aus dem innersten Kern in Strömen hinaus.

Nun wurde das Wasser geboren. Es strömte hinein in die Windungen, die das Feuer erschaffen, die die Luft beruhigt und die Erde gebildet hatte – das Wasser begann, alles zu kühlen, und das Leben nahm Formen an.

Aus dem Urschlamm des Anfangs entstanden die ersten Lebewesen. Die Samen aus den Universen flogen herein, um die Geschichte, wie ihr sie heute kennt, zu formen.

So seid ihr ein Teil des Feuers, ein Teil der Luft, ein Teil der Erde. Ihr seid aus dem Wasser geboren und habt begonnen, diesen Planeten zu bevölkern.

Diese Geschichte habt ihr schon oft gehört, aber habt ihr sie auch gefühlt?

Das Netzwerk der großen Baumwesenheiten

Im Nebelregenwald, Biotop Quetzal, in Guatemala

Vor Aber- und Aber- und Aberäonen der Zeiten, als die Göttin diesen wundervollen Planeten küsste, begannen sich die Pflanzen zu formieren.

Eine Blütezeit für Gaia begann, und die großen Baumwesenheiten stiegen aus der Erde empor. Es war eine Zeit der reichen Fülle.

Gewaltige Wesenheiten der Natur machten sich ans Werk, um Gaia ein Kleid zu geben.

Die großen Baumwesenheiten nahmen Raum ein. Sie eroberten die Oberfläche der Erde, gaben Blüten, Früchte und viele Lebensstoffe. Die Baumwesenheiten waren der Wohnplatz vieler, die sich sicher und beschützt entwickeln konnten, um Gaia zu beleben.

Es war eine Zeit der großen Fülle und des großen Reichtums. Natur- und Pflanzendevas versammelten sich, um immer neue Kreationen ins Leben zu rufen.

In dieser Zeit wurden die Formen geboren, und viele Pflanzen, die ihr auch heute noch seht, stammen aus dieser Zeit. Sie haben sich zwar verkleinert, zurückgezogen und angepasst, aber in ihren Urformen erkennt ihr die Muster der Göttin wieder.

Die großen Baumwesenheiten begannen, ein riesiges Netz zu spannen – sowohl unterirdisch als auch überirdisch, und der Planet begann zu atmen.

Die Bäume sind die Lungen eures Planeten. Werden die feinen Verästelungen im Inneren und Äußeren der Erde zerstört, wird die Luft »sterben«. So ist es enorm wichtig zu verstehen, dass all die vielen Pflanzen und großen Bäume die Lunge eures Planeten sind.

Ihr solltet sie hegen und pflegen, denn sie sind als Spiegelung auch in euch. Eure Lunge besteht aus feinsten Verästelungen, genauso wie das Wurzel- und Kronenwerk der Baumwesenheiten.

Viele dieser Wesenheiten sterben genau in diesem Augenblick, da ihr sie rücksichtslos und ohne Herz aus dem Gefüge des Planeten herausreißt.

Hört die Stimme der Göttin im Wasser als Symbol des Lebens, das alles umspült, durchfeuchtet und mit Leben versorgt.

Hört die großen Baumwesenheiten atmen – dieses riesige Netz, das sich um euren Planeten spannt, sowohl im Inneren als auch auf seinem Äußeren. Es ist ein ewiger Kreislauf.

Wenn Gaia atmet, könnt auch ihr atmen!

Kinder dieser Erde

Lernt, euren Planeten zu lieben. Lernt, ihn als eure »Mutter« anzunehmen, und findet Frieden in euch selbst!

Die Zyklen kommen und gehen so wie die Gezeiten und die Jahreszeiten. Das Leben erneuert sich in immerwährender Weise.

An den »Ozeanen des Lebens« erneuern sich die Gezeiten. Das Leben kommt in Intervallen. Mit großer Kraft tritt es ein, entfaltet sich und zieht sich zurück, dies lehren euch eure Jahreszeiten.

Ihr kommt mit großer Kraft aus dem Leib der Mutter – dem Wasser der Mutter – aus dem Ozean der Unendlichkeit auf diesen Planeten, der euch liebevoll umfängt.

Ihr wachst, erblüht, erfüllt euch, wie die Gezeiten es euch lehren. Und dann, wenn der Zeitpunkt gekommen ist, kehrt ihr zurück ins Herz der Galaktischen Mutter.

Was werdet ihr hier zurücklassen? Welche Samen werden durch euch entstehen? Was wird sich durch euch entfalten und erfüllen?

Wir sind euer Spiegel, in dem ihr euch sehen könnt, wenn ihr bereit seid.

Die Geschichte eurer Menschheit wird gerade neu geschrieben. Seid ihr ein Teil der Geschichte, die eine wunderbare Wandlung nehmen wird?

Das Lied der Göttin

Die Entstehung des Göttinnengitters

Vor Aber- und Aber- und Aberäonen der Zeiten betrat die Göttin diesen Planeten. Ihr Herz wurde weit und groß, denn die Schönheit der Erde berührte sie tief.

Vor Aber- und Aberäonen der Zeiten, als noch alles in Harmonie miteinander schwang, sprach die Göttin:

Ich möchte Plätze schaffen, aus denen die Schönheit hinausströmt in die Universen. Es sollen Plätze der Fruchtbarkeit, der Schönheit, der Harmonie und des Lebens sein. Es werden die »Tempelplätze der Göttin« sein, durch die sich neues Leben entwickeln und manifestieren kann.

Euer gesamter Planet ist mit diesen Plätzen überzogen.

Zum damaligen Zeitpunkt kamen an diesen Plätzen viele Wesenheiten zusammen. Sie brachten ihre Essenz mit, die sie an diesen Plätzen hinterließen. So entstand ein harmonisches Gitter – das »Göttinnengitter«.

Das Göttinnengitter umspannt auch heute noch euren Planeten. Im Laufe der Äonen jedoch deaktivierte sich das Gitter und wurde immer schwächer, da die wundervollen Plätze der Göttin, die »Tempel der Göttin«, mit anderen Energien belegt wurden.

Auf den Plätzen der Göttin entstanden Bauwerke, die völlig andere Informationen in die uralten Göttinnenfelder einspielten. So mussten diese Felder geschlossen werden, denn das »Lied der Göttin« sollte noch immer gesungen werden, wenn die Erde wieder erwachen und zu einer neuen Blütezeit aufsteigen würde.

Venusianische Helfer wurden gebeten, diese Plätze zu versiegeln, bis das »Lied der Göttin« wieder von jenen gesungen würde, die darum wussten, dass die Göttin wieder auf diesen Planeten zurückkehren würde.

Die »Lieder der Göttin« werden von den Frauen dieser Erde gesungen. Es sind die uralten Lieder, die wieder an den Plätzen ertönen werden, um die alten Matrixcodierungen ins Leben zurückzubringen.

Gebet an die Große Mutter und die Große Göttin

Wir verbinden uns mit der Erde, dem Kosmos und den Elementwesenheiten – Feuer, Wasser, Erde, Luft sowie dem Fünften Element – der Bedingungslosen Liebe.

Wir ehren die uralten Plätze dieser Erde. Sie repräsentieren das alte kosmische Muster, das über dem gesamten Planeten liegt und die Weisheit der Sterne mit der Weisheit von Mutter Gaia verbindet. So ehren und wertschätzen wir diese Plätze, indem wir zur Großen Mutter und zur Großen Göttin beten:

Gebet

Große Mutter, die du das Erdenwissen hältst,
Große Göttin, die du das kosmische Wissen hältst,

Wir danken dir, dass wir »sehen« dürfen.
Wir danken dir, dass du uns lehrst, deine Weisheit zu »erfühlen«,
die über die ganze Erde verbreitet ist.

Wir danken dir und ehren alle deine Plätze, die du erschaffen hast, um das Muster des Lebens zu setzen, damit wir als Sternenwanderer eine Heimat haben.

Wir danken dir aus tiefster Seele und aus tiefstem Herzen für die Ehre, dieses erkennen zu dürfen. Wir sehen die Verantwortung, die du uns hiermit übertragen hast.

Und so danken wir dir, Große Erdenmutter, und wir danken dir, Große Kosmische Mutter, dass wir ein Teil von beidem sein dürfen und deine Weisheit unser Herz erfüllt.

Wir ehren und segnen dich,
wir sind bereit, uns wieder einzufügen,
denn wir wissen – wir alle sind Wanderer zwischen den Welten.

Danke.

Die Entstehung der Steinkreise

In den Kristallbibliotheken der Erde ist schon alles gespeichert

Als vor Aber- und Aberäonen der Zeiten die großen mächtigen Erdwesen diesen Planeten erschufen, formten sie Geist zu Materie.

Als sie vor Aber- und Aber- und Aberäonen der Zeiten diesen Planeten bevölkerten, schufen sie Plätze, an denen sich Energien verfestigen konnten, und es entstand Materie.

Noch heute sind in den Gesteinsformationen des Planeten diese großen Erdwesenheiten, die sich ins Innere der Erde zurückgezogen haben, zu sehen.

Denen, die »sehen« können, zeigen sie ihr Gesicht. Für jene, die nicht »sehen« können, sind sie toter Stein – bedeutungslos.

Für diejenigen aber, die »sehen« können, offenbaren sie ihr innerstes Wesen. Sie sehen mit ihrem Herzen das Wunder, das die großen Erdwesenheiten erschaffen haben. Denn diese haben einen Teil von sich selbst an der Oberfläche des Planeten zurückgelassen, bevor sie in die Tiefe des Planeten hinabgestiegen sind.

Und immer wieder, von Zeit zu Zeit, kommen im Inneren des Planeten die Erdwesenheiten zusammen – in den Kristallbibliotheken der Erde, die sie hüten.

Immer wieder, wenn eine neue Ära auf diesem Planeten »eingesungen« wird, treffen sie sich, um darüber zu beraten, was auf dem Äußern des Planeten geschehen solle.

So geschah es auch vor Aber- und Aber- und Aberäonen der Zeiten, als die großen Steinkreise der Erde erschaffen wurden, in denen sich Wesenheiten des Kosmos und von Innererde manifestiert haben.

Es wurde der Rat der Erdwesenheiten zusammengerufen, und diese beschlossen, die Steinkreise als Zeichen ihrer Liebe auf diesen Planeten zu setzen.

Dann wurden die Kosmischen Baumeister gerufen, die den Plan erschufen. Aus kosmischer Sicht gesehen, wurden die Plätze festgelegt, an denen die Steinkreise entstehen sollten.

Und so ist auch heute noch das Gitternetz der Steinkreise auf eurem Planeten zu sehen. Wenn ihr alle diese Plätze aus dem Kosmos sehen könntet, würdet ihr das Muster darin erkennen – es ist das Muster des entstehenden Lebens.

Meditation

Suche dir einen Stein oder Fels, auf den du dich setzen möchtest, oder visualisiere diesen.

Fühle die Energie des Steins, auf dem du sitzt. Ist er dein Freund?

Dann geh in die Erweiterung. Lass deinen Geist ausschweifen über das Land oder die Berge, den Wald und das Meer. Spüre, wie du hier sitzt.

Spüre den Halt und gleichzeitig die Erweiterung – beides bist du!
Fühle, von wo du deine Kraft bekommst.
Spüre die Elemente:
Das Feuer in der Sonne.
Die Luft im Wind.
Das Wasser im Meer.
Die Erde im Stein.

Höre die Geräusche um dich herum, ohne sie zu beurteilen. Und dann fühle dich als Stein, der seit Aber- und Aberäonen der Zeiten hier steht.

Der Stein ist nichts anderes, als komprimierte Liebe – er ist ewig und dennoch flüchtig, denn er kommt aus der Flüchtigkeit und geht in die Flüchtigkeit.

Sternenwanderer der Ewigkeit

Die Zeit des Herzens – Xaghra Stone Circle, Gozo

Es ist die Zeit des Herzens. Euer Verstand wird euch nicht länger nutzen, denn die Weisheit der heiligen Plätze kann nur mit dem Herzen empfangen werden.

Hört die »Symphonie des Lebens«. Spürt den Wind, die Sonne, die Tier- und Pflanzenreiche – die Ewigkeit, die hier zu euren Füßen liegt.

Es ist die Liebe, die sich hier seit Aber- und Aberäonen der Zeiten verströmt, denn diese heiligen Plätze sind noch in der Göttlichen Ordnung. An diesen Plätzen kommt ihr sehr nahe zu euch selbst, wenn ihr in der Lage seid, mit eurem Herzen zu hören, zu sehen und zu fühlen.

Denn vor Aber- und Aber- und Aberäonen der Zeiten wurde beschlossen, dass Plätze gebildet werden sollten, die die Menschheitsgeschichte überdauern – als »Hüter der Zeiten«.

Vor Aber- und Aber- und Aberäonen der Zeiten wurde beschlossen, dass diese Plätze als Bibliotheken zwischen Kosmos und Erde alles aufzeichnen sollten, was geschehen würde.

Und so werdet ihr nun, in diesem Augenblick, ein Teil der Geschichte dieses Platzes, und in die Steinmatrixen dieses Platzes wird euer Bewusstsein eingespielt.

Hört ihr all die vielen um euch herum, die euch unterstützen, indem sie euch erinnern, woher ihr kommt und wohin ihr geht? Auch ihr seid ein Teil der Ewigkeit!

Vor Aber- und Aber- und Aberäonen der Zeiten wurde das »Buch der Erde« bereits geschrieben – durch das Bewusstsein derer, die all dies schon erträumt hatten.

Die Aborigines wissen darum. Sie sind die uralten Hüter der Matrix dieser Plätze. Ihr seid heute gerufen, euer Herz zu öffnen und euch als das zu fühlen, was ihr seid – kosmische Tautropfen aus

Sternenbewusstsein, in physischer Weise manifestiert und dennoch flüchtig, wie der Stein.

»Du kommst und gehst. Seit Äonen der Zeiten bist du ein galaktisch Reisender. Du reist durch Zeit und Raum, um wiedergeboren zu werden und zu vergehen. Seit Äonen der Zeiten bist du ein Wanderer zwischen den Welten.«

INNANA'HA ehrt dich, Sternenwanderer – Sternenkind. Aber lerne, dich wieder an das zu erinnern, was du bist!

Du bist ein Sternenwanderer, der von Ewigkeit zu Ewigkeit wandert, um sich immer wieder neu zu erfahren.

Das ist es, was dir diese uralten Plätze spiegeln. Das ist es, was sie dir erzählen. Es ist die uralte Geschichte der Sternenwanderer, die von Äon zu Äon zurückkehren, um dann wieder weiterzuwandern.

Der göttliche Fluss

Alles ist im Fluss der Göttlichen Zeit.
Die Gezeiten kommen und gehen,
so wie auch du.

Alles ist im Göttlichen Fluss.
Halte nichts fest,
denn es wird wieder von dir wegfließen.

Fliege durch Zeit und Raum,
öffne deine Flügel.

Schwinge dich empor zum Licht
und freue dich.

Die Seele ist frei.
Der Mensch will besitzen.
Aber die Seele ist frei.

Öffne deine Schwingen und fliege hinaus
in die Unendlichkeit.

Denn du bist frei!

Eine DNA aus Sternenbewusstsein

Wusstest du, dass du eine Sternen-DNA besitzt?

Als vor uralten Zeiten die großen Sternenwesen im Rat der Sternenlichtverbände zusammengekommen waren, schwang eine wundervolle Hoffnung durch das Universum.

Es sollte etwas ganz Neues geschehen. Eine neue Spezies sollte erschaffen werden, versehen mit einer Sternen-DNA.

In uralten Zeiten, so lange zurück, dass sich selbst die Ältesten kaum noch erinnern, wurde ein Samen aus Sternenbewusstsein entwickelt.

Und immer, wenn sich die großen Sternenwesenheiten erneut getroffen hatten, wurde noch ein weiterer Teil in diesen Samen mit eingesät.

So entwickelte sich ein wundervolles, strahlendes Licht, das darauf wartete, eingepflanzt zu werden. Die großen Sternenwesenheiten haben lange beraten, wo dieses wundervolle Juwel eingebracht werden sollte.

Ihr Blick fiel auf Gaia, die ein sehr spezielles Bewusstsein besaß. Sie begann gerade, sich zu manifestieren und sandte ihr unendlich strahlendes Licht in das Universum. Die großen Sternenwesen erkannten, dass hier eine Kompatibilität zwischen dem Bewusstsein von Gaia und den Sternensamen, die gesät werden sollten, entstehen könnte.

Abgesandte vieler Sterne kamen. Sie postierten sich rund um den neu entstandenen Planeten Gaia, um durch ihre Göttliche Liebe das, was sie gemeinsam erschaffen hatten – diese wundervolle Sternenessenz – in Gaia einzupflanzen, wenn die Zeit reif wäre.

Wieder verstrichen Aber- und Aber- und Aberäonen der Zeit. Aber dann endlich war es soweit. Sie konnten dieses Licht in eine physische Existenz einpflanzen! Nun konnte es wachsen, sich entwickeln und Bewusstsein ausstrahlen, um sich irgendwann wieder an seine Sternenessenz zu erinnern.

Und das, geliebte Sternengeschwister, geschieht gerade auf eurem Planeten, und zwar in euch!

Ihr besitzt eine Sternen-DNA! Multidimensional, quantenhaft habt ihr das Licht des Göttlichen auf diesem Planeten manifestiert. Nun ist es wieder Zeit, euch zu erinnern und das Sternenlicht zurückzustrahlen zu denen, die gewissermaßen eure Paten und Patinnen sind – die wundervollen großen Sternenwesen der Galaxie.

Fühlt dieses Göttliche Licht in euch. Fühlt, dass ihr es in euch tragt. Und fühlt, dass nun der Zeitpunkt gekommen ist, das Sternenlicht wieder in eure eigene Vergangenheit zurückzustrahlen.

Der Rhythmus des Lebens

Hörst du Gaias Ruf, dich zu wandeln und zu wachsen?

Vor Aber- und Aberäonen der Zeiten rief Gaia ihre Kinder zusammen, und sie teilte ihnen mit, dass jetzt die Zeit des Wachstums gekommen sei. Sie öffnete ihr Planetenherz, und der Rhythmus des Lebens strömte hinaus in eure Welt.

Der Rhythmus des Lebens zeigt sich in den Gezeiten. Er zeigt sich in den Jahreszeiten. Er zeigt sich in eurer eigenen Wandlung. Der Rhythmus des Lebens verströmt sein eigenes Lied auf dieser Erde.

Fühlst du dich eingebunden in diesem Rhythmus? Hörst du die Stimme von Mutter Gaia? Hörst du ihren Ruf nach Wachstum?

Vertraue dem Fluss des Lebens. Vertraue den Wandlungen in deinem Leben.

Vertraue, dass dein Herzschlag mit dem Herzschlag der Mutter schlägt. Denn nur in dieser wundervollen Synergie, von denen die Urältesten gesprochen haben, wird sich dein Leben bewegen und sich dein Plan erfüllen, geliebtes Menschenkind.

INNANA'HA grüßt dich. Wir haben euch schon oft begleitet auf eurem Weg und wir sind auch hier wieder anwesend, um euch die Geschichte weiterzuerzählen. Die Geschichte der wundervollen Wesenheit Gaia und ihren Kindern. Was meint ihr, wer ihre Kinder sind?

Es sind all die wundervollen Samen, die die galaktischen Völker in ihrer großen Liebe auf diesem Planeten gesät haben. Daraus haben sich ihre Kinder der Erde entwickelt, von denen auch ihr ein Teil seid. Könnt ihr in eurem Herzen die vielen Kinder dieses Planeten spüren, wenn sie sich im Herzschlag der Mutter mit eurem Herzschlag verbinden?

Wenn ihr dies verstanden habt, wird sich euer Verständnis für diesen Planeten verändern. Denn ihr werdet verstehen, dass das Leben eine große Symphonie ist, die tief aus dem Herzen des Planeten an die Oberfläche hervorströmt, um die Kinder der Erde aufzufordern, den Tanz des Lebens zu tanzen.

So laden wir euch jetzt ein, euch in diesem Rhythmus des Herzschlags von Gaia mitzubewegen.

Der Herzschlag von Mutter Erde

Das große Erwachen beginnt

Verbinde dich mit dem Herzen von Mutter Erde.
Spüre ihren Herzschlag in deinem Herzschlag.
Fühle, wie dein Herzschlag mit Mutter Erde verbunden ist.

Vor Aber- und Aberäonen der Zeiten, als das Herz der Erde zu schlagen begann, strömte die Liebe, die die kosmischen Lichtverbände gesät hatten, durch die Adern des Planeten, und er begann zu leben.

Vor Aber- und Aberäonen der Zeiten schlug das Herz der Erde so laut, dass dies im Kosmos gehört wurde und das große Erwachen begann. Da wussten alle, dass die Samen, die sie gesät hatten, aufgegangen waren.

Kannst du fühlen, dass du ein Teil dieser Samen bist?

Sie wurden vor Aber- und Aberäonen der Zeiten gesät, von mächtigen Entitäten, die aus weit entfernten Winkeln der Galaxien zusammengekommen waren, um der Erde Leben einzuhauchen.

Als das Herz des Planeten zu schlagen begann, versammelten sich erneut die Galaktischen Völker, um das Lied von Gaia, das sie aus ihrem Herzen hinaus singt, in die kosmischen Welten zu tragen.

Und ein jeder Herzschlag jedes lebendigen Wesens, das auf Gaia begann, ist noch bis heute ein Teil des Herzschlags von Mutter Erde.

Kannst du es fühlen?

Es ist der Herzschlag des Lebens und der Liebe, aus der du geboren bist. Du bist entstanden aus der Liebe des Göttlichen und der Liebe dieses wundervollen Planeten, der mit seinem Herzschlag deinen Herzschlag berührt.

Und so geschieht es seit Aber- und Aber- und Aberäonen der Zeiten, von Herzschlag zu Herzschlag, und eine jede Inkarnation setzt den Herzschlag des Lebens weiter fort.

INNANA'HA grüßt dich, geliebtes Erdenkind, dein Herzschlag tönt mit dem Herzschlag der Planetenliebe von Mutter Erde. So bist du ein Teil von ihr und sie ist ein Teil von dir, seit Aber- und Aber- und Aberäonen der Zeiten!

Allianz von Himmel und Erde

Die »Spirale des Lebens« – Vortexe von Erd-und Himmelswesen

Vor Aber- und Aber- und Aberäonen der Zeiten, als aus den Samen der Göttin das Leben entsprang, trafen sich die Wesenheiten von Himmel und Erde. Sie schlossen eine Allianz, damit das Leben gedeihen konnte.

Diese Allianzen bestehen auch heute noch – ihr habt es nur vergessen.

Die Allianzen der Erdwesen und der kosmischen Wesen sind an vielen Stellen des Planeten manifestiert, und diese waren schon immer Plätze der Göttin.

In den Zyklen der Zeiten wurde festgelegt, wann die Treffen dieser Allianzen stattzufinden hätten, die dann in großen Ritualen gefeiert wurden.

So stiegen aus dem Inneren der Erde die Erdwesen auf, und die Himmelswesen kamen vom Himmel hernieder, um sich mit den Erdwesen zu treffen.

Durch die Allianzen begannen sich Vortexe, Kraftstrudel, zu formieren. Überall auf dem Planeten waren sie zu sehen.

Die Erdwesen aus dem Inneren der Erde und die Himmelswesen aus den kosmischen Arealen vereinigten sich im Tanz, und es entwickelte sich eine DNA. Denn die Vortexe waren der Tanz der Erdwesen und der Himmelswesen.

Dann kam eine Zeit, in der die Vortexe schwächer wurden, denn die Erdwesen zogen sich in das Innere der Erde zurück und die Himmelswesen in den Himmel.

Damit begann die dunkle Zeit, und tief in eurer DNA ist dies gespeichert.

Seit dieser Zeit fühlt ihr euch getrennt! Denn die Erdwesen haben sich in das Innere der Erde zurückgezogen und die Himmelswesen in ihre Himmel.

Doch nun kommt die Göttin wieder und ruft die Erdwesen und die Himmelswesen, die beide in eurer DNA vereint sind, zurück.

Das bedeutet, dass ihr die Plätze der Göttin zu reaktivieren habt, denn durch eure DNA und eure Liebe seid ihr mit den Himmelswesen und den Erdwesen verbunden.

Vielleicht versteht ihr nun ein wenig mehr – denn diese Geschichte ist eure Geschichte!

Die Energiespirale der Göttin

Der Strahl der Liebe

Die »Spirale der Göttin« – der Strahl der Liebe – bewegt sich nun aus den Universen wieder in das Zentrum des Planetenherzens zurück. So war es schon immer – und so wird es immer sein!

Die Gezeiten und die Jahreszeiten waren geboren. Das Leben begann. Alles drehte sich im »Vortex der Göttin«, der aus dem Zentrum der Galaxie in das Herz des Planeten floss.

Galaktische Samen strömten über diese »Spirale der Göttin« tief in das Herz von Mutter Gaia, damit sie erneut und erneut und erneut Leben gebären konnte.

Die Zyklen kamen und die Zyklen gingen. Die Zeiten wurden geboren und spülten die Samen der Unendlichkeit aus den Meeren in die Täler, auf die Berge, in die Weiten der Steppen und Savannen, in die Wüsten – und alles begann.

Euer Planet ist das Leben pur. Tötet ihr ihn, tötet ihr euch selbst!

Euer Leben ist eingebunden in die Zyklen der Göttin. Tötet ihr sie, tötet ihr euch selbst!

Tief in den Ozeanen eures Planeten hört ihr noch die alten Wesen rufen, die Hüter der Zeit, die Hüter der Gezeiten – die Cetaceen – die Delfine und Wale, die von den Sternen herabgestiegen sind, um Mutter Gaia dabei zu helfen, das Leben im Gleichgewicht zu halten.

Wenn ihr ihre Lieder hört, ihren Stimmen folgt, hört ihr die Urältesten und Uralten der Universen.

Die »Spirale der Göttin« hat sich erneut geöffnet, um neue Galaktische Samen in das Herz von Mutter Gaia hinein zu säen, so dass ein großer gewaltiger »Zyklus der Göttin« wiedergeboren werden kann.

Euer Planet Erde ist das Leben pur! Die Fülle, die Schönheit, der Reichtum aller Arten – sie kommen, sie gehen, sie verändern sich. Aber das Leben entsteht immer wieder aufs Neue.

Um dies alles für die Zukunft des Planeten zu manifestieren, wurde beschlossen, dass fünf große Tempel gegründet werden sollten – die

»Tempel der fünf Elemente« –, in deren Mitte zwischen dem Kosmos und dem Herzen der Erde der »Strahl der Liebe« fließen würde.

Diese Tempel wurden angeordnet aus den Erinnerungen derer, die aus den kosmischen Welten ihre Liebe säen wollten, damit das, was im Herzen von Mutter Gaia geträumt wurde, hinausströmen konnte in die neu entstehende Welt.

Die »Traumpfade der Aborigines« halten dieses Wissen noch bis in die heutige Zeit, um es für die Zukunft zu bewahren.

Einem jeden Element wurde eine Himmelsrichtung zugeordnet und ein Elementwesen an die Seite gegeben – den Hüter der Pforte.

So wurde dem Hüter des Nordens das Element Erde übertragen, dem Hüter des Südens das Element Feuer, dem Hüter des Ostens das Element Luft und dem Hüter des Westens das Element des Lebens – das Wasser.

Alles floss in wundervoller Synergie aus den Tempeln in den »Strahl der Liebe«, der direkt aus dem Herzen von Mutter Gaia in den Kosmos strömte und damit immer weitere wundervolle, hochschwingende Wesenheiten anzog.

Aus dem »Strahl der Liebe« – im Zentrum des Herzens von Mutter Gaia – floss die Liebe in die »Fünf Elemente Tempel«, so dass gemäß dem Göttlichen Plan die Formen erschaffen werden konnten, die sich dann letztendlich auch in euch als Menschheit entfaltet haben.

Ein jeder Mensch trägt alle vier Elemente in sich – aber auch den »Strahl der Liebe«, der direkt aus dem Herzen von Mutter Gaia ins Herz der großen Urzentralsonne strömt.

Als sich jedoch im Laufe der Zeiten die Materie immer mehr verdichtete und eure Erde begann, immer stärker niedere Energien anzuziehen, wurden diese Tempel auf eine feinstoffliche Ebene angehoben und außerhalb eures Planeten plaziert, damit sie auf einer höheren Ebene weiter Leben erschaffen konnten, ohne von der Dichte der Materie durchdrungen zu werden.

Hier befinden sie sich auch heute noch – außerhalb eures Planeten!

Doch nun kommt die Zeit, in der sich diese Tempel wieder herabsenken dürfen, um eine neue Stufe der Evolution zu erschaffen. Ihr alle seid eingeladen, in der kommenden Zeit diese Erfahrung zu machen.

Es wird die Aufgabe jener werden, die reinen Herzens sind, die Energien der »Fünf Elemente Tempel« wieder auf das planetare Feld zu ziehen, damit sich ein neuer großer »Zyklus der Göttin« entfalten kann.

Denn der Leib von Mutter Gaia ist erneut schwanger, und die Geburt steht kurz bevor. Dies wird mit großen Veränderungen einhergehen.

Eure Menschheitsgeschichte wird sich verändern, das Antlitz eures Planeten sich wandeln.

Die Elemente-Tempel jedoch werden von Ewigkeit zu Ewigkeit zu Ewigkeit weiterbestehen.

Es ist alles für euch vorbereitet!

Der »Tempel der Göttin« öffnet sich für euch. Der »Tempel der Fünf Elemente« sowie der »Tempel von Sonne und Mond« in der Spirale der Göttlichen Urmutter der Galaxien ruft euch wieder zurück in den Dienst, um die Mythen und Mysterien der Göttin neu zu erfahren.

So geht hinaus in die Welt. Erzählt, was ihr erfahren habt. Berichtet über das Wunder, das ihr in den »Tempeln der Fünf Elemente«, die nun wieder aktiv sind, erleben durftet.

Berichtet, was in euren Herzen geschehen ist

So, wie in alten Zeiten, in den alten Tagen, als der »Rat der Weisen« immer wieder als Spiegel der universellen Gesetzmäßigkeiten zusammenkam – sozusagen als Spiegel des »Rates der Galaktischen Völker« – soll es auch jetzt in dem neuen Zyklus, da die Göttin die Erde küsst, wieder geschehen.

Es möchten sich wieder neue »Circles der Weisheit« bilden, die in der Weisheit des Herzens darüber beraten, was der nächste Schritt ist, damit das Kollektiv Heilung erfahren kann.

Und genauso wie in uralten Zeiten hat ein jeder von euch eine spezielle Verantwortung zu übernehmen, für die ihr in eurem Leben steht.

Immer wieder, genauso wie in den uralten Zeiten – als in den Tempeln die »Circles der Weisheit« entwickelt wurden – soll es auch jetzt wieder sein, dass sich diese Circles immer wieder treffen, um durch die »Sieben Schritte der Initiation« zu gehen und somit diese Energie für das Kollektiv zur Verfügung zu stellen.

Genauso, wie sich die Göttin in uralten Zeiten der Erde zuneigte und die Mondzyklen geboren wurden, soll es nun auch wieder sein, dass sich die »Circles der Weisheit« immer wieder treffen, um die Mondfeste zu feiern.

Eine neue Zeit beginnt. Eine Zeit voll großer Schönheit. Lasst euch durch die brodelnden Energien, die sich zurzeit entladen, nicht irritieren! Genauso wie in uralten Zeiten die »Circles der Weisheit« in den Tempeln zusammengerufen wurden, um planetare Felder zu beruhigen, soll es auch jetzt wieder sein, dass weise Männer und Frauen in der Weisheit ihrer Herzen zusammenkommen, um sich gemeinsam in den »Tempeln der Fünf Elemente« zu erneuern.

Und genauso wie in uralten Zeiten, als Abgesandte der »Galaktischen Nationen« auf euren Planeten herniederstiegen, um in ihn die Weisheiten einzusäen, damit Kulturen entstehen konnten, die die kosmischen Gesetzmäßigkeiten achten, soll es auch jetzt wieder geschehen, dass die »Galaktischen Völker« herniedersteigen durch jene, die sie vorbereitet haben, um die Weisheit des Göttlichen, die Weisheit der kosmischen Gesetzmäßigkeiten in »Circles der Weisheit« zu lehren.

Unsere Botschaft an euch ist:
Gründet einen neuen »Circle der Weisheit«. Lernt, euch zu wandeln. Versteht die Weisheit der »Göttlichen Liebe«. Integriert diese Weisheit und werdet zu ihr.

Durchschreitet die Initiationen der Göttin. Versammelt euch regelmäßig, um mehr über das Wissen und die Zyklen der Universen zu lernen.

Lernt euer Herz zu öffnen, indem ihr euch wandelt – aus der Dichte eurer dualen Struktur in ein bedingungsloses, multidimensionales Sein.

Fliegt dann hinaus wie die Samen einer wundervollen Blume, die ihr »Pusteblume« nennt, um die Erde mit eurer Weisheit zu befruchten.

Dies ist unsere Botschaft für euch!

INNANA'HA grüßt euch aus dem Herzen der Galaktischen Familie.

Die Elementwesenheiten – Gebet

Im Tempel von Mnajdrar auf Malta

Wir verbinden uns tief mit dem Inneren der Erde
und weit mit dem Kosmos.

Wir bitten dich, Große Göttin, heile unser Herz,
heile unsere Weiblichkeit.

Wir rufen die großen Elementwesenheiten in ihre Kraft:

Den Wächter des Nordens, das Element Erde.
Den Wächter des Südens, das Element Feuer.
Den Wächter des Ostens, das Element Luft.
Den Wächter des Westens, das Element Wasser.

Aus dem Herzen der Galaktischen Mutter rufen wir den
Strahl der Liebe zurück, damit wieder geweckt werden
kann, was seit Aberäonen der Zeit verschlossen war.

Die Zeit ist gekommen – die Zeit der Göttin!

Der »Circle der Weisen Frauen«, der bereit ist, die Weisheit
des Herzens weiterzuentwickeln, steht hier als Symbol des
Neubeginns.

Das ist unsere Zeit, Frauen dieser Erde.
Ich rufe euch nun zurück in eure Kraft!

Ich rufe euch in eure Power, in eure Liebe und Fürsorge,
euer Mitgefühl, eure Regenerationskraft.

Ich rufe euch in eure gebende Liebe,
die eure Welt wieder in Balance bringen wird.

Hierfür steht ihr, das seid ihr bereit zu geben!

TEIL II

Das Wissen der Tempel der fünf Elemente

Djwal Khul: Die Tempel der fünf Elemente

Alles Leben auf der Erde entstand durch das unterschiedliche Zusammenspiel der fünf Elemente Erde, Wasser, Feuer, Luft und bedingungslose Liebe. Hohe Galaktische Wesenheiten und Lichtmeister geben Informationen zum Wunder des Lebens auf dem wunderschönen Planeten Erde.

Die Tempel der fünf Elemente von Lemuria

Bis in die heutige Zeit hinein ist bei vielen Menschen das Wissen um die »Tempel der fünf Elemente« in der Seelen- und Zellmatrix gespeichert. Es sind Matrixprägungen einer uralten Zivilisation, die euch als »Lemuria« bekannt ist. Die Erinnerungen an diese Epoche sind in euch Menschen tief verankert – es war eine Zeit großer Harmonie, Hingabe und Seelenerweiterung,

Zu dieser Zeit gab es noch eine unmittelbare Kommunikation zwischen den feinstofflichen Welten, der kosmischen Lichtfamilie und Mutter Erde. Die Körper der »Menschen« von Lemuria waren sehr viel feinstofflicher, leichter und durchlässiger als die heutigen.

Qualitäten wie Intuition und Telepathie waren vollkommen normal. Man lebte mit dem »Herzschlag der Erde« und war eingebunden in die Zyklen der Großen Mutter Gaia.

Zu dieser Zeit gab es wunderbare feinstoffliche Tempel. Es waren die »Tempel der fünf Elemente«, die von mächtigen kosmischen Wesenheiten gehalten wurden. Zuerst existierten diese nur auf der feinstofflichen Ebene, dann aber auch im planetaren Feld, um eurem großartigen Planeten dabei zu helfen, sich in eine materielle Form hinein zu entwickeln.

Die Tempel spiegelten die wunderbaren Synergien wider, die zwischen den Frequenzen der vier Elementwesenheiten Feuer, Wasser, Erde und Luft, die den Planeten geformt haben, bestehen.

Die Synergien der vier unterschiedlichen »Zustände« des Planeten hatten Gaia dabei geholfen, aus einem noch recht ungeordneten Informationsfeld Materie zu erschaffen.

In diesen Tempeln der Göttinnen-Ära von Lemuria wurden neues Leben und Felder für das Entstehen neuer Spezies erschaffen. Verschiedene Frequenzbereiche wurden hier so miteinander kombiniert und in eine gemeinsame ausgerichtete Schwingung versetzt, dass Leben entstehen konnte. Diese Tempel waren ein Heiliges Feld der Göttlichen All-Liebe.

Der Fokus der lemurischen Ära lag in erster Linie darauf, Lebenssysteme zu erschaffen, die langfristig von Erfolg gekrönt sein würden. Dabei war es außerordentlich wichtig, entsprechende Energien so im planetaren Feld »einzulagern«, dass in der Weiterentwicklung eine menschliche Rasse entstehen könnte. Diese sollte sowohl galaktische Fähigkeiten besitzen als auch erdverbunden sein.

Die »Kosmischen Samen« wurden von erhabenen galaktischen Wesenheiten gesät, damit eure Spezies entstehen konnte.

In die vier Tempel der Elemente – Feuer, Wasser, Erde, Luft – wurden hochentwickelte Wesenheiten eingeladen, um ein Informationsfeld zu erschaffen, das auf die planetare Ebene strahlen konnte.

In deren Zentrum befand sich der »Tempel der Regeneration« – ein multidimensionaler Heiliger Raum, der das »Fünfte Element«, das ätherische Prinzip, verkörperte.

Große Schöpferwesenheiten lenkten die Energien des fünften Tempels, der als Göttlicher Vortex Leben ins planetare Feld pulste.

Zu Beginn dieser evolutionären Entwicklung wurde eine Zwölfstrang-DNA angelegt, die multidimensional, hochfrequent und galaktisch ist. Diese musste jedoch während des Prozesses der »Materialisierung« systematisch reduziert werden, damit Materie, sprich der physische Mensch, entstehen konnte.

Aus diesem lemurischen Saatgut entwickelte sich die Menschheit. Auf einer höheren Ebene hielten feinstoffliche Wesenheiten, die die Samen für die Erschaffung des Lebens »gesät« hatten, die Frequenzbereiche.

Somit sind die »Tempel der fünf Elemente« die Geburtsstätte eurer Evolution!

Nun, mit Beginn des »Weiblichen Äons«, ist es äußerst wichtig, euch wieder an eure galaktische Abstammung zu erinnern. Denn jetzt dürft ihr wieder den umgekehrten Weg gehen:

Ihr müsst euch von einer verdichteten, auf Materie ausgerichteten Menschheit zu einer galaktischen Rasse erweitern. Dies geht jedoch nur über die Reaktivierung, sprich Mutation, von der Zweistrang-DNA zu einer Zwölfstrang-DNA.

In eurer DNA tragt ihr nach wie vor die galaktischen Samen. Aber- und Aberäonen der Zeit hatte es gebraucht, bis sich aus dem Feinstofflichen eine materielle Form entwickeln konnte. Und auch die Erweiterung der Menschheit aus der Materie zurück ins Feinstoffliche wird nicht von heute auf morgen geschehen.

Ihr befindet euch inmitten eines großartigen evolutionären Prozesses und ihr könnt ihn mitgestalten! Ihr könnt die Zukunft eures Planeten verändern, indem ihr euch freiwillig einer grundlegenden Bewusstseins-Entwicklung unterzieht!

»Alles ist richtig, wie es ist! Ihr habt es geschafft, euch zu einer materiellen Art zu entwickeln – und dies mit großem Erfolg. Nun aber ist die Zeit gekommen, euch wieder an eure galaktische Abstammung zu erinnern. Jetzt solltet ihr euer geistiges Potential nutzen und eure geistige Herrschaft antreten, um den umgekehrten Weg zu gehen: euch vom materiellen zum galaktischen Menschen weiterzuentwickeln.«

Gebet am Wasserfall

Mutter Erde heile mein Herz,
denn ich habe mich verloren in den Zyklen der Zeit.

Ich habe mich vergessen in der Materie,
habe mich verloren in der Banalität der Dualität.

Hier in der Natur begegne ich wieder der Wahrheit
und folge ich der Wahrheit eines neuen Zyklus,
der aus meinem Herzen heraus geboren wird.

Denn ich beginne, mich wieder zu erinnern, was ich bin
und welchem Ziel ich folgen möchte.

Wesenheit Wasser, bringe das in mir zum Fließen,
was schon so lange angestaut ist.

Element Luft, ich bitte dich,
verbinde mich wieder mit der Leichtigkeit des Seins,
denn ich habe mich verloren in der Schwere der Dualität.

Wesenheit des Feuers verbrenne das Alte in mir.
Lass in mir die Flamme der Leidenschaft wieder auflodern,
damit ich wachsen und mich befreien kann,
um wieder das Feuer der Leidenschaft in mir zu fühlen –
für die Erde, die Luft, das Wasser, das Feuer
und für die Liebe!

Wir stehen hier und bitten euch, ihr wundervollen Elementwesenheiten, erinnert uns wieder an die Kraft der Wahrheit.

Hier in der Natur ist alles wahrhaftig, echt, ehrlich, pur und rein.

Unser innerster Kern ist es auch, aber wir haben uns verloren in den Zyklen der Zeit. In der Schwere der Dualität haben wir den Fluss des Lebens verlassen.

Und so danken wir von Herzen,
dass wir uns wieder erinnern dürfen,
hier an diesem wundervollen Platz,
am Wasserfall im Wald.

Innahana: Die Synergie des Lebens

INNAHANA, die interstellare Wesenheit, lehrt das Wissen der »Tempel der fünf Elemente«

Aus interdimensionalen Räumen, durch die Zeittore der unterschiedlichen Dimensionen gereist, über die Portale der Venus eingetreten sind wir hier, mitten unter euch, um euch mit den Mysterien der fünf Elemententempel zu verbinden.

Es ist ein uraltes Wissen, jenseits dessen, was ihr als Menschheit jemals erfahren habt. Es ist ein Wissen, das aus galaktischen Samen entstanden ist – aus vielen galaktischen Bewusstseinsformen, die sich in ihrer unermesslichen Liebe entschlossen hatten, diesem Planeten zur Verfügung zu stehen, als er noch sehr unwirtlich war.

So ehren wir diese hohen Wesenheiten, die damals den Auftrag übernommen hatten, aus einem noch brachliegenden chaotischen Energiefeld ein Feld zu erschaffen, auf dem sich Leben entwickeln konnte.

Aus den unterschiedlichsten Galaxien wurden Informationen zusammengetragen. Diese Impulse erschufen in Synergien miteinander Leben. Sie wurden in den Planeten impliziert und in die Felder eingelagert, damit sich aus der chaotischen Erbsubstanz eurer Erde harmonische Verbindungen formen konnten.

Das Wichtigste dabei war das Entstehen der Elementwesenheiten. Diese großartigen Wesen aus unterschiedlichen Dimensionen haben sozusagen euer Leben in der Vorform erträumt.

Was wir euch heute anbieten ist, euer bestehendes Leben in die Erweiterung zu träumen. Die Aborigines, wie ihr sie nennt, wissen um dieses Wissen.

Wir sind heute anwesend, um euch mit dem Bewusstsein der unterschiedlichen Elemententempel zu verbinden.

Die vier Elemente bestimmen maßgeblich das Aussehen eures Planeten. Sie geben durch unterschiedliche Frequenzbereiche euren

Planeten eine Form und schaffen in gewisser Weise eine Aura. Über diese Aura findet ein Austausch zwischen dem Kosmos und dem innersten Kern, dem Kristallkern der Erde, statt.

Alles beginnt mit dem Feuer, das die Sonne in euer planetares System einpulst. Aus dem All kann man diese Ströme des Lichts sehen, die aus eurem Planetenherzen herausströmen, und ebenso das Licht, das in euren Planeten wieder hineinströmt.

Die großen Elementwesenheiten, die das Feuer, die Luft, das Wasser und die Erde repräsentieren, sind in einer Allianz miteinander verbunden, damit immer wieder ein entsprechender Ausgleich stattfinden kann.

Immer dann, wenn ein Teil stark dominiert, schließen sich die anderen drei Teile zusammen, um das Ungleichgewicht auszugleichen. So hat es bis jetzt funktioniert.

Aber nun kommt ein weiterer Faktor hinzu: Die Frequenzen verstärken sich. Das Magnetfeld eures Planeten verändert sich!

Durch diese Schwächung des magnetischen Aufbaus des Planetenfeldes verändern sich nun auch sämtliche Ströme um und in eurem Planeten.

Und wenn nun eines der Elemente eskalieren sollte, könnte es sein, dass die anderen drei Elemente nicht mehr in der Lage sind, dieses wieder zu neutralisieren. Im Gegenteil, es könnte sich alles hochschaukeln. Das heißt, die großen Veränderungen im planetaren Feld sind bereits vorprogrammiert!

Ihr als Menschheit habt jedoch einen maßgeblichen Einfluss auf das Energiefeld eurer Erde. Ihr bestimmt sozusagen die Energiequalität mit. Ein weiterer Faktor sind eure eigenen Schwingungsbereiche sowie die Frequenzbereiche, die ihr als Kollektiv erzeugt. Diese beruhigen die Felder oder lassen sie noch weiter eskalieren.

Alles ist in Veränderung. Alles ist in Bewegung. Die Elemente könnt ihr nicht als voneinander getrennt sehen. Sie sind letztlich eine Einheit! Sie sind ein lebendiges System, das sich immer wieder neu anpasst, neu ausrichtet, um euren Planeten darin zu unterstützen, in eine neue erweiterte Phase zu gehen.

In dieser Zeit des Übergangs kann das eine oder andere System aus dem Ruder laufen. Hier beginnt nun eure Arbeit über eure geistige Präsenz. Über eure Herzensliebe und euren Fokus seid ihr in der Lage, entsprechend harmonisierend einzugreifen.

Wir überlassen es eurer Herzensliebe, wie ihr euch entscheidet.

Wir rufen euch in die Tempel, damit ihr von Initiation zu Initiation mehr über euren wahren Auftrag erfahren könnt.

Innahana: Die Entwicklung einer menschlichen DNA

Die Hallen der Experimente

Zu Beginn der Entstehung des Planeten waren alle Elemente noch in unterschiedliche Schwingungsbereiche aufgeteilt. Auf vier Frequenzplattformen wurde mit der Entwicklung einer DNA experimentiert, und durch entsprechende Geometrien wurden lebensfähige Formen geschaffen. Das war die Aufgabe der »Tempel der fünf Elemente«.

Hier konnten sich die Elementwesenheiten entwickeln: Die Feuer-, Wasser- Erd- und die Luftwesen waren eigenständige Entitäten, die den feinstofflichen Bereichen zugeordnet waren.

Hohe Lichtmeister waren zu der Zeit auf der Erde, um diesen Prozess in Gang zu setzen.

Diese Bewusstseinsplattformen, die »Hallen der Experimente« im Tempel der fünf Elemente ermöglichten es, mit Energie so zu experimentieren, dass durch Synergien die Elemente in Harmonie miteinander gebracht wurden. Aus feinstofflichen Lebensformen konnten sich physische entwickeln.

Es war eine Art Basisexperiment, die vier unterschiedlichen energetischen Zustände so zu verbinden, dass sie eine harmonische Beziehung miteinander eingehen und sich völlig eigenständige Systeme entwickeln konnten, die gemäß ihrer Uranlagen wirkten.

Später wurden die vier Bewusstseinsformen Feuer, Wasser, Erde und Luft in einer einzigen DNA gebündelt. Diese Schwingungsbereiche tragt ihr auch heute noch in euch. Ihr besteht jeweils aus einem Anteil Feuer, Wasser, Erde und Luft – den »Vier Gesichtern Gottes«.

Erst dann wurden die Systeme durch den »Göttlichen Impuls«, dem fünften Element, in die Erweiterung gebracht. Durch das fünfte Element, das alles miteinander verbindet und in Schwingung bringt, entstand die menschliche DNA. Sie ermöglichte es, dass sich aus den unterschiedlichen Aspekten der Elemente etwas Neues formen konnte: die Spezies Mensch.

Der Hauptaspekt des Experiments lag auf der Entwicklung einer DNA, die sowohl kosmisches als auch planetares Erbgut in eine Art Verschmelzung brachte. Die Absicht war, eine Spezies zu entwickeln, die sowohl eine göttliche Ausrichtung als auch einen materiellen, erdverbundenen Anteil hat.

Diese neue Spezies – die Menschheit – entwickelte sich in unterschiedlichen Sequenzen, um sich über eine Anhebung der Frequenzen wieder ins Feinstoffliche zu erweitern. Hierzu gehört die erweiterte Wahrnehmung von feinstofflichen Bereichen, aber auch das tiefe Verstehen der planetaren Felder.

Dies sind die Natur-, Pflanzen- und Tierreiche sowie die inneren Königreiche des Planeten. Von großer Bedeutung ist es, hinter der Fassade der Dreidimensionalität die Feinstofflichkeit zu erkennen.

Isis: Leben ist Wachstum

Leben bedeutet Wachstum. Leben an sich gibt es auch außerhalb eurer dreidimensionalen materiellen Welt, denn Energie ist immer lebendig, beweglich und veränderlich.

Energie schwingt hinaus durch Raum und Zeit und impliziert Attitüden des Lichts, die aus dem All herausströmen wie Samenkörner, um sich in den unendlichen Weiten der Universen niederzulassen. Damit werden Impulse für neu entstehendes lebendiges Bewusstsein gesetzt.

Unsere Tempel waren letztendlich große Katalysatoren dieser strömenden Impulse aus kosmischen Sphären, die in Synergie mit dem Lied von Gaia schwangen.

So entwickelten sich »Chöre des Lichts«, Synergien, die mit dem Herzen von Mutter Erde sangen und ihr Lied hinaus in die Weiten des Kosmos reflektierten.

Von Gaias »Liebesgesängen« wurdet ihr als Seelen angezogen. Auf dem Frequenzstrom der Liebe von Gaia, die diese in die Universen hinausgesungen hatte, seid ihr letztendlich ins planetare Feld hereingeströmt. Ihr habt die Einladung verstanden und euch sehr willkommen geheißen gefühlt.

Das, was wie eine Geschichte anmutet, ist die Wahrheit und diese Wahrheit hallt noch immer durch die Universen!

So ist Mutter Gaia letztendlich eine kosmische Lebensspenderin!

All die Impulse, die aus dem Inneren von Gaia heraus durch euer planetares Feld in die kosmischen Weiten hallen, sind angefüllt mit Informationen des Lebens und dem Entstehen von Systemen, die lebendiges Leben kreieren.

Gaia hat reiche Schätze erschaffen, die auch für andere Systeme als Informationsquellen zur Verfügung stehen. In jedem Augenblick ihres Seins singt sie ihr »Lied des Lebens« hinaus in den Kosmos.

All dies wurde in unseren Tempeln gelehrt. Ihr wisst nur einen winzigen Bruchteil über die Entstehung eures Planeten!

Wir bieten euch an, tiefer und tiefer in die kosmischen Wahrheiten, die weiblichen Mysterien, einzutauchen. Es ist erschaffendes Bewusstsein, das sich manifestiert.

Hier fühlt ihr euch vielleicht ein wenig überfordert, aber wir wissen, wenn die »Samen« in eurem Bewusstsein erst gesät sind, werdet ihr bei der nächsten Inkarnation einen Wiedererkennungseffekt haben.

Genauso ist es mit dem »Lied von Lady Gaia«. Sie singt ihre Liebe hinaus in den Kosmos. Immer wieder spiegeln sich entsprechende Systeme in ihren Liedern und erinnern sich, dass auch sie in der Lage sind, ähnliche Lieder des Lebens zu singen. Dann beginnen neue Entwicklungsprozesse, und es können Systeme entstehen, die letztendlich Leben erschaffen.

Wir laden euch in die Frequenz unserer Tempel ein, um den »Atem Gottes« zu spüren. Er atmet durch euch hindurch ins Herz von Mutter Gaia, damit sie ihr Lied durch euch in die unendlichen Weiten des Kosmos hinaussingen kann.

Das Lied der Freiheit

Verbinde dich mit dem Wasser,
dem Feuer, dem heiligen Rauch, mit der Luft,
und Mutter Erde.

Ehre Vater Himmel.
Ehre Mutter Erde,
Pachamama, die Große Göttin.

Die Weiblich-Göttliche Energie,
die gewaltige Urkraft der Universen
und Urmutter der Galaxie.

Die Erde gehört dir nicht,
niemals kannst du sie besitzen.

Auch deine Kinder, die Tiere,
die Pflanzen gehören dir nicht.
Alle sind ein Teil des Göttlichen Plans, so auch du.

Besitz ist flüchtig.
Besitzen wollen macht eng.

Nimm dir die Freiheit, nichts besitzen zu müssen.
Alles wird von ganz alleine zu dir kommen.

Und wenn die Zeit gekommen ist,
wird es wieder von dir gehen.

Innahana: Das fünfte Element

Die Göttliche Liebe

Aus interdimensionalen Räumen gereist, durch die Portale der Venus in euer planetares Feld eingetreten, bringen wir die Göttliche Liebe zu euch.

Könnt ihr sie fühlen? Dies ist eure Heimat! Von dort seid ihr gekommen. Ihr seid wundervolle Göttliche Samen, die sich auf dieser Erde niedergelassen haben, um Göttliches Bewusstsein zu bringen.

Und das fünfte Element – die Göttliche Liebe – ist die Verbindung von »Allem Was Ist«.

Das ist eure Heimatessenz, und wir legen sie tief in eure Herzen!

Der »Tempel der fünf Elemente« beginnt sich langsam wieder zusammenzufügen – aus der feinstofflichen Ebene und auch aus der Tiefe des Planeten, der noch die lemurischen Informationen hält.

Eine neue, wundervolle Welt wird entstehen, wenn sich die Herzen der Menschen vereinen.

Noch seht ihr nur die Dunkelheit. Aber wo Dunkelheit ist, ist auch immer das Licht sehr stark!

Dieses Licht legen wir in eure Herzen, damit ihr es in die Welt hinaustragt.

Das, was ihr im »Tempel der fünf Elemente« erfahren werdet, wird euer Leben so unendlich viel reicher machen.

Der Strom der Bewusstseine

Die Gezeiten des Lebens

Schau, wie sich Tropfen des Bewusstseins vom Kosmos langsam ins planetare Feld herniedersenken, sich zu einer »Wolke« formen und die Erde segnen.

Sei in diesem Augenblick einer dieser Tropfen und beginne die Reise deines Lebens.

Spüre, wie der Wind dich trägt, das Feuer der Sonne dich berührt, du die Erde küsst und ins Leben eintrittst. Das ist deine Geburt!

Die große Wasserwesenheit sagt dir: »Hab Vertrauen! Es gibt nichts zu tun! Schau, ich bin dein Lebenswasser und begleite dich.«

Spüre, wie die Erde dich aufnimmt, dich empfängt. Fühle ihre große Liebe. Spüre ihren warmen, weichen Schoß, in den du immer tiefer hineingleitest.

Und nun schau genau hin! Kannst du all die vielen Wassertropfen sehen, die mit dir sind? Genau in diesem Augenblick seid ihr »fließendes Bewusstsein« im Schoß der Erde. Ihr erkennt euch, ihr versteht euch und ihr seid euch sehr vertraut.

Und so entscheidet ihr euch dafür, euch zu verbinden. Gemeinsam fließt ihr durch die vielen Schichten dieses wundervollen Planeten bis ihr so stark geworden seid, wieder ans Licht zu treten. Ihr sprudelt ins Leben hinein, in der Gewissheit, dass ihr ein großer starker Fluss werdet.

Aber was ist dieser Fluss? Es ist der Zusammenschluss unendlich vieler Tropfen des Bewusstseins, die sich entschlossen haben, auf diesen Planeten niederzufallen, in ihn einzudringen, um wieder geboren zu werden und dem Licht entgegen zu strömen.

So strömt ihr aus der »Quelle des Lebens« hinaus in eure Welt. Erst nur als kleiner hüpfender Bach, fröhlich, lustig, übermütig. Dann hinabstürzend ins Tal, um euch zu besinnen, zu zentrieren und euch erneut mit den anderen zusammenzuschließen.

Ihr ruft einander zu: Komm mit! Komm mit! Es gibt so viel zu entdecken! So viel zu erfahren! So viel zu sehen! Lasst uns gemeinsam strömen!

Und von überall kommen neue Ströme hinzu, die sich mit euch verbinden. Ihr vereint euch zu einem gewaltigen Strom unendlich vieler Bewusstseine. Sie strömen in den Ozean des Lebens, um ihre Erfahrungen mit all den anderen zu teilen, die schon da sind, die da waren und die noch kommen werden.

So bewegt ihr diesen Planeten in großen Synergien von Erfahrung, Wissen, Leben. Ihr schwingt im Kommen und Gehen der Gezeiten des Lebens, um dann eines Tages wieder aufzusteigen, zu dem Punkt, von dem ihr gekommen seid – zu eurer Seele.

Bist du bereit?

Du hast das Feuer erlebt, denn die Sonne hat dich geküsst.
Der Wind hat dich bewegt und getragen.

Und der Schoß der Erde hat dich als »Tropfen der Unendlichkeit« in sich aufgenommen.

Du hast alles gesehen!

Saint Germain: Das Element Wasser

Über das Wasser

Wasser ist der größte Informationsträger eures Planeten. Eure Erde ist weitestgehend von Wasser bedeckt, und in ihren Anfängen war sie es sogar fast vollständig.

Seit Aber- und Aberäonen der Zeiten informiert Wasser aber auch die großen Kristalle im Inneren des Planeten. Diese Kristallspeicher sind in großen Gesteinskammern eingelagert – in riesigen Systemen, die noch nicht erforscht sind.

Da Wasser als Trägerenergie Informationen sowohl liefert als auch aufnimmt, gelangen diese in den großen Kreislauf.

Als Menschen besitzt ihr eine innere kristalline Struktur. Wie bereits gesagt, ist Wasser eine Trägerenergie, und auch ihr besteht zu einem sehr großen Teil aus Wasser. So gelangen Informationen über das Wasser auch zu eurer eigenen kristallinen Struktur und werden von hier auch wieder abtransportiert.

Alle eure inneren Systeme stehen über das Medium Wasser mit der Urfrequenz eurer Seele sowie mit euren Emotionen in Verbindung. Über eure Emotionen werden Informationen ständig in die Seelenfrequenz eingespielt, weitergeleitet und dann in den großen Seelenpool, die Monade, integriert.

Wasser ist weitaus mehr als das, was ihr in ihm seht. Es ist der Urspeicher aller Informationen des Planeten. Über das Medium Wasser konnten kosmische Entitäten Informationen ins planetare Feld einspielen.

Als sich die Kontinente formten und das Wasser begann, sich zurückzuziehen, flossen die Informationen des Göttlichen Plans in die Erde, und die Evolution begann.

Alles Leben hat im Wasser begonnen – und das ist kein Zufall!

Kosmische Samen, sehr komplexe Geometrien der kosmischen Welten, wurden in die Erde eingespielt. Ähnlich einem großen Orchester konnte damit die »Symphonie des Lebens« beginnen.

Gebet an das Wasser

Am Fluss in Anchorage Alaska

Wir kommen zusammen im Kreis der Vereinten Herzen – im Kreis derer, die die Gnade haben, Bewusstsein zu entwickeln.

Wir kommen zusammen im Kreis derer, die die Gnade haben, zu lernen und zu »wissen«, um die Weisheit für diesen Planeten zu bewahren.

Wir stehen hier in diesem Kreis am freien fließenden Wasser. Wir ehren das Wasser – das weibliche Prinzip, fließend, lebendig und kraftvoll, das durch viele unterschiedliche Stadien geht.

Am »Freien Wasser« stehen wir, um die Qualität der Freiheit des Wassers für die zukünftigen Generationen in unserem Herzen zu bewahren.

GEBET

Wir beten zu dir – Große Göttin – Große Urmutter der Galaxien und Universen.

Aus der Kraft unserer Herzen, durch die tiefe Liebe für diesen Planeten und mit der Freiheit, in der wir geboren wurden, bitten wir dich:

Erhalte uns die Freiheit unserer Gewässer!

Durch die Erweiterung unseres Bewusstseins werden wir verstehen, dass das Wasser die Urkraft des Lebens symbolisiert!

So bitten wir dich, Große Mutter aller Galaxien und Universen:

Verbinde uns mit deiner Weisheit, damit wir die Zusammenhänge der Göttlichen Erscheinungsformen verstehen und sorgsam, andächtig und liebevoll mit dem umgehen, was uns der Göttliche Plan zur Verfügung stellt.

Wir ehren dich, Wasser dieser Erde. Wir danken dir, dass du ein Teil von uns bist. Aus dir sind wir geboren. Aus dir konnten wir wachsen.

Du stehst für alle Prinzipien dieser Erde:
Für Fruchtbarkeit und Wachstum, für die vielen unterschiedlichen Seinszustände des Wasserkreislaufs – die Wolken, den Regen, die Quelle, den Bach, den See, den Fluss, den Strom, den Ozean –, um dann wieder zurückzukehren zu den Wolken, in die ätherischen Reiche.

Ebenso wie auch wir es tun:
Aus dem ätherischen Prinzip fallen wir wie Tropfen auf die Erde. Wir kommen, wir wachsen, wir entwickeln uns. Wir werden stärker und mächtiger wie ein Strom, um dann in den »Ozean der Einheit« zurückzukehren und in einem neuen Kreislauf wiederzukommen.

Aus diesem Grund danken wir dir – Wasser.
Wir ehren dich. Wir lieben dich. Von ganzem Herzen sind wir dankbar, auf dieser Erde zu sein und erfüllt von dir zu sein.

Das Element Luft

Die Luft ist die Hüterin der Gezeiten.
Sie ist flüchtig, lebendig, beweglich.

Sie ist der Atem der Erde.
Sie ist in deinem Atem.

Mit dem ersten Atemzug beginnt dein Leben.
Mit dem ersten Atemzug beginnt dein neuer Zyklus
hier auf diesem Planeten.

Die Luft ist die Hüterin der Gezeiten.
Sie bewegt, sie schwingt durch Zeit und Raum.

Lade sie ein in dein Leben.

Saint Germain: Das Element Erde

Der Göttliche Bauplan

Das Leben auf eurem Planeten ist etwas Heiliges, Kostbares. Alles, was ihr auf eurer Erde seht, ist ein Teil des Göttlichen Bauplans.

Nichts ist zufällig entstanden, auch wenn es eure Wissenschaften behaupten. Ein Wissenschaftler ohne einen ganzheitlichen spirituellen Ansatz wird niemals in die Geheimnisse und Mysterien der Universen vordringen können, um auf einer höheren Ebene zu verstehen, wie alles miteinander schwingt und im Einklang Synergien erschafft.

Alles erschien zum richtigen Zeitpunkt, genau dann, wenn es der Göttliche Plan erforderte. Die Mineralreiche der Erde waren die ersten, die die Informationen, die das Wasser in sich trug, aufnahmen und speicherten. Auch heute noch speichern sie alles, was das Wasser an sie heranträgt.

So entstanden im Inneren des Planeten Schicht für Schicht »Speicherplatten«, die euren Planeten geformt haben. Die Zyklen des Lebens konnten beginnen.

Mutter Erde war zu diesem Zeitpunkt sehr aktiv und fleißig: Sie musste all die vielen Informationen des Göttlichen Saatguts ordnen und einlagern, um präzise dem Bauplan des Göttlichen zu folgen.

Es war eine sehr lange Schaffensperiode, in der vieles immer wieder geordnet, verworfen und neu geordnet werden musste, bis eine sehr feine und verhältnismäßig dünne Informationsfläche – eure Erdkruste – entstehen konnte, die den Bauplan des Göttlichen in die Materie umsetzte.

Und da der Bauplan des Göttlichen lebendig ist, nicht statisch oder starr, ist Gaia nach wie vor damit beschäftigt, alles neu zu ordnen und zu sortieren. Altes wird entfernt und Neues geschaffen. Gerade jetzt, in dieser Zeit, in der ihr inkarniert seid, ist Gaia sehr beschäftigt!

Jetzt geht es darum, eine neue Schicht zu bilden. Eine Schicht, in der sich eine weitere Sequenz des Göttlichen Bauplans verwirklichen kann.

Auch ihr als Spezies Mensch werdet euch aus eurem Inneren heraus neu zu ordnen haben!

Mutter Erde ist eine sehr aktive und kreative Planetenpersönlichkeit, die als Baumeisterin des Lebens den Göttlichen Plan verwirklicht.

Ihr müsst lernen, die Mineral-, Tier- und Pflanzenreiche zu verstehen, aber auch die Menschenreiche, denn alles baut aufeinander auf.

Als man euch sagte, ihr wäret die »Krone der Schöpfung«, war damit nicht gemeint, dass ihr alles dominieren solltet!

Ihr steht nur an der Spitze eines gewaltigen Evolutionsprozesses, den euch die Mineral-, Tier- und Pflanzenreiche ermöglicht haben. Ihr steht auf dem Fundament, das von ihnen gebaut worden ist!

So wäre es klug, sie zu ehren und nicht zu degradieren. Ohne jene, die im Dienst des Göttlichen Bauplans miteinander gewirkt haben, wäre euer Leben nicht entstanden.

Aber Mutter Erde ist auch eure Baumeisterin. Sie hat euch das Leben geschenkt, da sie mit ihrem Bewusstsein den Göttlichen Bauplan verwirklicht hat.

Nun wird es Zeit, dass ihr für die, die nach euch kommen, vorsorgt. Damit auch sie wieder auf einem guten Fundament, das ihr gebildet habt, stehen können.

Bevor ihr jedoch die Zusammenhänge nicht versteht, werdet ihr auch eure Erde nicht verstehen können. Und wenn ihr eure Erde nicht versteht, könnt ihr sie nicht fühlen. Da ihr euren Planeten nicht fühlt, habt ihr auch keinerlei Probleme, ihn zu zerstören. Im Prinzip ist eure Erde für euch nur ein »Brocken Gestein« mit einem etwas unruhigen Inneren.

Der Segen der Großen Mutter

Gebet im Wald des Odilienbergs

Große Mutter, wir bitten um deinen Segen,
denn hier an diesem Platz spüren wir deine Liebe.

Diese Liebe ist pur, sie ist rein und sie ist wahrhaftig.

In jedem Vogel, den ich höre, höre ich deine Stimme.
In jedem Windhauch fühle ich deine Zärtlichkeit.
In jedem Blatt erkenne ich deine Lebendigkeit.
In jedem Wassertropfen spüre ich das Leben,
das du uns schenkst.

So stehen wir hier, um uns vor dir zu verneigen,
dich zu ehren und unsere tiefe Dankbarkeit kundzutun,
denn wir wandelten eine sehr lange Zeit auf dem Pfad der Dunkelheit.

Im Erkennen der Dualität und der damit verbundenen Fallen für unser Bewusstsein, stehen wir jetzt hier in der freien Natur, in der Freiheit des Waldes.

So bitten wir um deinen Segen, Große Mutter, Große Göttin,
Urmutter der Galaxien.

Durch deine Liebe entstehen Universen, Galaxien,
Sternen- und Planetensysteme.

Und auch dieser winzige Mikrokosmos, der wir selbst sind,
ist ein Teil deiner Göttliche Liebe.

Wir atmen die Freiheit des Waldes tief in uns hinein und
spüren die Ausdehnung, die damit verbunden ist.

Denn nur in Freiheit können wir wachsen.
Nur in Freiheit sind wir in der Lage, deinem Pfad zu folgen
und dir zu dienen.

Die Elemente zeigen uns den Weg des Lichts,
sie leben in Synergien miteinander,
ohne sich gegenseitig einzuschränken.

Sie sind das Symbol für die Entwicklung,
die für uns da ist.

So sind wir aufgefordert, uns allem zu widersetzen,
was uns unfrei und unterwürfig macht,
allem, was uns einengt und klein hält.

Große Mutter, Große Göttin,

in Respekt, Liebe und Ehrfurcht
dienen wir dir zum Wohle aller,
um deinen Göttlichen Plan zu erfüllen.

Danke.

Isis: Tierbewusstsein und Machtmissbrauch

Die enge Verbindung von Mensch- und Tierbewusstsein

Das Tierbewusstsein ist so eng mit eurem menschlichen Bewusstsein verbunden, dass wir euch sagen, in gewisser Weise ist es auch ein Teil von euch selbst.

Wenn ihr die Tiere quält, missachtet und misshandelt, missbraucht ihr auch einen sehr wichtigen Teil von euch selbst. In einem Teilaspekt eurer eigenen Geschichte repräsentiert die Monade eure eigene Evolution. Niemals könnt ihr dies voneinander getrennt sehen, denn ihr seid über starke feinstoffliche Energiefelder aneinander gekoppelt.

Das Tierbewusstsein repräsentiert eine Stufe eurer eigenen Evolution. Habt ihr dies gewusst? Wir bitten euch, dies in euch nachzuspüren und in eurem Zellbewusstsein nachzuforschen, ob es entsprechende Reaktionen und Impulse gibt, die euch die Wahrheit dieser Worte bestätigen.

Letztendlich seid ihr nur ein sehr kleiner Teil der langen Evolutionsgeschichte von Gaia. Und so sind die Tiere gewissermaßen eure Geschwister.

Im reinen Lichtbewusstsein sind alle gleich! Auf einer gewissen Stufe eurer Evolution steht ihr energetisch im Austausch mit entsprechenden Bewusstseinsfeldern, die aus archaischer Zeit stammen. Diese sind noch heute als Erinnerung im Tierbewusstsein eurer Monade gespeichert.

Der animalische Teil in euch ist noch sehr aktiv, auch wenn ihr ihn immer wieder verdrängt, als unangenehm und nicht erwünscht in die Tiefen eures Unterbewusstseins verbannt. Aber wir sagen euch, dieser animalische Teil in euch ist enorm aktiv, besonders in Phasen eurer Traumwelten.

So seid ihr – wenn ihr die Tiere nicht achtet und sie für euer persönliches Ego missbraucht – immer in Interaktion mit euren eigenen unbewusst wirkenden animalischen Aspekten.

Wie fühlt sich diese Wahrheit an? Macht es euch betroffen, dass es eine Verbindung von vermeintlich niederen Wesen zu euch selbst geben soll?

Der Mensch ist hochmütig geworden. Er hat sich die Welt untertan gemacht, indem er Machtmissbrauch betreibt. Aber wir sagen euch, damit vergewaltigt ihr auch euren eigenen animalischen Aspekt. Denn alle eure Erfahrungen fließen wieder zurück in eure eigene Monade.

Wie wollt ihr Erleuchtung erlangen, wenn ihr diesen Teil in euch negiert?

So sind wir heute anwesend, um euch zu erinnern! Ein jeder von euch hat in den tiefsten Strukturen seiner Gene animalische Anteile. Wenn ihr also Energien gequälter Tiere, die durch veränderte Gene manipuliert wurden, aufnehmt, steht dies wieder in Resonanz mit euren eigenen Genen.

Wir geben euch heute dies zu bedenken: Geht sorgfältiger mit eurer Umwelt um! Denn auch, wenn ihr vermeidet, tierische Produkte zu essen, so seid ihr dennoch mit allen Informationsketten auf feinstofflicher Ebene verbunden.

Das heißt, eure eigene Heilung geschieht erst dann, wenn dem Tierbewusstsein Respekt gezollt und die Tiere wieder in ein natürliches Leben entlassen werden.

Die Tiere sind bereit, euch zu dienen, wenn ihr sie liebe- und respektvoll behandelt. Denn durch Liebe und Achtung entstehen neue Energiefelder, die euch selbst heilen können.

Das, was zur Zeit auf eurem Planeten geschieht – der kollektive Missbrauch von Tierbewusstseinsfeldern – wird den Menschen in seiner tiefsten innersten Substanz schwächen!

Wir sagen euch, das Tierbewusstsein ist sehr eng an das Menschenbewusstsein gekoppelt. Und so wir bitten euch, diese Informationen weiterzugeben, denn sie sind sehr wichtig für die Menschheit.

Es wird Zeit, wieder zu natürlichen Lebensqualitäten zurückzukehren, dem Schamanen in euch wieder Raum zu geben, den Mut des Schamanen in euch zu fühlen und mutig zu handeln.

Gebet an die Große Göttin

Im Kreis der Vereinten Herzen entzünden wir ein Licht für die Göttin. Wir geben dieses Licht weiter für die Zukunft unserer Erde, für unsere Kinder, unsere Kindeskinder und für den Erhalt von Mutter Erde. Dafür verbinden wir uns miteinander und bitten gemeinsam:

Große Göttin
Wir bitten dich, schütze unsere Erde.

Große Göttin
Bitte hilf uns dabei, zu erwachen.

Große Göttin
Hilf uns auch dabei, dass wir uns wieder erinnern,
was unsere Aufgabe ist:
Nicht Zerstörung, sondern Erhalt.
Nicht Hochmut, sondern Demut.
Nicht Herrschen, sondern Dienen.

Große Göttin
Bitte hilf uns dabei zu erkennen, wer wir sind und warum
wir hier auf diesen Planeten gekommen sind:
Wir sind hier, um unsere Erde zu schützen, zu lieben und
zu ehren!

Von Herzen Danke Mutter Gaia!

Enry Nahu Kaya'Na: Du kannst die Erde nicht besitzen

Das Wissen von Innererde

Wir bringen euch das Wissen von Innererde näher. Denn erst wenn ihr das Wissen von Innererde versteht, beginnt ihr auch, euch selbst zu verstehen.

Das Innere der Erde ist ein großer Körper, ähnlich eurem eigenen. In ihm fließt und bewegt sich alles kontinuierlich. In ihm pocht, genau wie in euch selbst, das Blut in den Adern. Und das große »Herz« von Gaia pumpt gewaltige Energien durch die gesamten Systeme.

Euer Planet atmet, er ist ganz lebendig und immer in Bewegung. Niemals ist er statisch und starr, auch wenn es vielleicht auf seinen äußeren Bereichen so aussieht.

Eure Erde atmet. Ihr Herz schlägt und pulst gewaltige Energien durch alle Systeme. Das wird von euren Wissenschaftlern in Zukunft noch entdeckt werden.

Vielleicht ist es noch zu früh, aber wir sagen euch schon heute: Ihr als Menschheit seid ein Teil dieses Systems. Erst wenn ihr lernt, mit diesem System zu fließen, euch zu arrangieren und euch mit ihm zu bewegen, wird es Frieden geben. Denn dann gibt es keinerlei Grenzen oder Begrenzungen mehr.

Niemals könnt ihr dem Planeten Grenzen aufzwingen – Gaia ist fließendes, bewegliches, lebendiges Bewusstsein!

Würdet ihr in euren eigenen Adern oder Lymphsystemen Barrieren errichten, würden eure Systeme zusammenbrechen. So geschieht es auch im Inneren von Mutter Gaia. Dieses Wissen ist noch weitgehend unbekannt, denn bis jetzt wurde es von euren Wissenschaftlern nur sehr partiell betrachtet.

Eure Erde ist, genau wie alle anderen Systeme des Kosmos, schwingendes, lebendiges, bewegliches Bewusstsein, bestehend aus Lichtinformation und Frequenz.

Kriege entstehen immer dadurch, dass ihr Systeme begrenzt, Grenzen setzt, Territorien absteckt und meint, dass diese euch dann gehören.

Wie könnt ihr euch anmaßen, einen Teil der Mutter besitzen zu wollen?

Wo wollt ihr Grenzen setzen, wenn doch alles fließt und beweglich ist? Auch der Boden, auf dem ihr steht, mag nach einer kurzen Bewegung woanders sein. Das vermeintlich »Feste«, auf dem ihr steht, ist morgen schon nicht mehr das, was es heute ist.

Die Frequenzströme fließen durch alle Systeme eures Planeten, und niemals könnt ihr etwas eingrenzen, einengen oder besitzen.

Letztendlich ist es nur eure eigene Habgier, die Kriege erzeugt. Es ist eure Arroganz und euer Hochmut, der sich Stückchen für Stückchen etwas einverleiben will, das ihm nicht gehört.

Wie könnt ihr ein lebendiges System, einen Planeten, besitzen wollen!

Wie könnt ihr fließendes Bewusstsein katalogisieren, in Stücke aufteilen und in Parzellen festlegen wollen? Um dann eine Fahne darauf zu stecken, um zu zeigen, dass euch dieses gehört, obwohl es morgen doch schon ganz woanders sein kann.

Da euer Planet ein sich langsam bewegendes System ist, fällt es nicht weiter auf, dass die Erde von heute, morgen schon nicht mehr dieselbe ist.

Geliebte Erdenbürger, ihr werdet hier nur geduldet! Wie könnt ihr etwas besitzen wollen, das so uralt wie der Kosmos ist, wo ihr doch nur eine so geringe Zeitspanne hier seid?

Lernt, mit eurer Mutter zu fließen. Lernt, euch mit ihr zu bewegen. Lernt, als lebendiger Teil an ihrem wundervollen Bewusstsein, dieser großen kosmischen Liebe, teilzuhaben.

Vor allen Dingen aber, maßt euch nicht länger an, etwas besitzen zu wollen, das euch nicht gehört!

Im Fluss der Zeit

Die Ur-Ältesten von Laquin, Guatemala

Im Fluss der Zeiten wiederholt sich alles.
Es ist ein ewiges Aufsteigen und Niedergehen.

Alles, was kommt, geht auch wieder.
Auch wenn etwas so lange besteht wie die Berge – auch sie werden wieder vergehen!

Der Fluss der Zeit berührt dich und fordert dich auf stillzustehen,
innezuhalten und zu prüfen.

Im Fluss der Zeit sind alle gleich.
Ob weiß, ob schwarz, rot oder braun,
klein oder groß, jung oder alt, arm oder reich.

Im Fluss der Zeit sind alle gleich.
Sie alle werden an den »Ozean der Unendlichkeit« gespült,
wenn ihre Zeit gekommen ist.

So bewegt der Fluss der Zeit
in seinem Flussbett alles, was in ihm ist.
Auch die Steine, die sich drehen
und sich zum »Ozean der Unendlichkeit« hinbewegen.

Generationen kommen und gehen,
Völker steigen auf und fallen hinab.

Die Gezeiten nehmen alles mit,
so dass der Fluss der Zeit die Unendlichkeit berührt.
Mensch, halte inne,
spüre dich in der Bewegung der Gezeiten der Ewigkeit.

Mensch, halte inne.
Spüre dich im Fluss der Zeit
bis du wieder in den »Ozean der Unendlichkeit« eingehst.

Alles Leid, alle Freude,
alles, was du dir wünschst,
was du nie erhalten wirst –
es kommt, es geht,
nichts bleibt bestehen.

Mensch, prüfe dich, wo du stehst!

Enry Nahu Kaya'Na: Die Entwicklung zum Adam Kadmon

Die Evolution geht weiter

Seit Anbeginn der Zeiten hat eure Erde gewaltige, evolutionäre Prozesse durchlaufen. Vom ersten Zusammenziehen der Energien bis zur heutigen Ausdehnung vieler unterschiedlicher energetischer Zustände, stand für euren Planeten jedoch immer im Vordergrund, Leben zu erzeugen! Und dies wird auch so bleiben. Auch wenn sich die Erde wandelt und neue Spezies die Spezies ablösen, die heute diesen Planeten bevölkern.

Evolution bedeutet immer eine riesige Wandlung von Energie.

Ein evolutionärer Prozess bedeutet nichts anderes, als Energien zu wandeln, Muster neu zu ordnen und erweiterte Systeme zu erschaffen, damit diese auf den äußeren Bereichen eines Planeten in eine lebensfähige Form gebracht werden können.

Genau so geschah es auch mit euch als Menschheit!

Aus dem »kosmischen Gedächtnis« wurden durch Gaia die Muster kreiert, damit eine Art entstehen konnte, der sogenannte *Homo sapiens*, der sowohl das Göttliche als auch das Irdische in sich trägt.

Bis hierher ist die Geschichte bekannt. Wir erzählen euch nichts Neues. Aber als Mentorin von Innererde fühlen wir uns heute berufen, ein wenig mehr Licht in diesen evolutionären Prozess zu bringen, der euch jetzt als Weiterentwicklung bevorsteht.

Gaia ist gerade dabei, wieder einen neuen »Mustercocktail« zu mischen.

Damit setzt Gaia einen neuen, evolutionären Prozess in Gang. Das wird erweiterte Möglichkeiten für neu entstehendes Leben an der Oberfläche der Erde mit sich bringen. Diese neuen Muster werden im Kristallkern, dem Herz des Planeten, geschaffen.

Zur Zeit ist Gaia sehr aktiv, um in Zusammenarbeit mit kosmischen Intelligenzen – die nach wie vor den innersten Kern von Gaia aus galaktischen Ebenen mit Wissen und Informationen versorgen – ein neues Muster zu entwickeln. Dieses Muster entspricht der aufsteigenden, sprich erweiterten, Energie von Gaia und wird sich als »Mustersamen« in den kommenden Zeiten an die Oberfläche bewegen.

Ein Teil dieses Musters bezieht sich auch auf euch als Menschheit.

Der sogenannte »Homo Sapiens« hat sich zum neuen »Adam Kadmon« zu entwickeln.

Die Muster dafür haben sich bereits im inneren Kristallkern der Erde formiert. Ab einem gewissen Zeitpunkt, wenn die entsprechenden Frequenzen vorhanden sind und die Planeten- und Galaxienkonstellationen günstig stehen, wird durch einen enormen Frequenzinput – über eure eigene Sonne von der Zentralsonne ausgehend – das Muster in Bewegung gebracht und an die Oberfläche des Planeten transportiert.

Dann ist es wichtig, dass die Muster, die aus dem innersten Zentralkern von Gaia über den Frequenzinput aus dem Kosmos an die Oberfläche des Planeten gestiegen sind, mit der Spezies »Homo Sapiens« adaptierbar sind.

Eure menschliche Art hat sich jetzt darauf vorzubereiten, als Bindeglied zwischen der alten Rasse »Homo Sapiens«, die ihr noch seid, und der neuen Rasse »Adam Kadmon«, die sich noch zu entwickeln hat, zu fungieren.

Damit seid ihr eine Art »Transmitter« zwischen eurer alten und der neuen Welt.

Und ein Transmitter ist immer ein Verbindungsstück, das sowohl zu der einen als auch zur anderen Seite frequenzkompatibel sein muss.

Die großen Kristalle von Innererde befinden sich bereits in Neuprogrammierungen und werden in den kommenden Zeiten komplett umprogrammiert. Dadurch wird sich euer kollektives Gedächtnis immens wandeln. Und solltet ihr euch nicht mitwandeln, werdet ihr keinerlei Möglichkeiten mehr haben, auf euer kollektives Gedächtnis zurückzugreifen.

Das heißt, euer so sehr geliebter »Sicherheitsfaktor« wird für immer verschwinden!

Nehmt also Abschied von eurer alten Art zu leben und zu denken – von eurer alten Art der Sicherheit, die ihr so sehr liebt. Diese Felder sind bald nicht mehr vorhanden!

Wenn die Kristalle der inneren Welten neu programmiert sind, die großen Datenbanken von Innererde in einer Neukalibrierung erstrahlen, werden sich die alten Systeme, wie ihr sie kennt, von diesem Planeten komplett verabschieden. Dann könnt ihr nur noch auf die Zukunft zugreifen und auf das, wofür ihr hier seid: »Zwischenstück« zwischen der alten und der neuen Welt zu sein!

NACHWORT

Mit dem Eintritt in das »Weibliche Äon« am 22.12.2012 hat eine neue Zeit begonnen. Die Energie hat sich verändert, das ist für alle deutlich spürbar. Es darf endlich gefühlt, gespürt und intuitiv erfahren werden. Jetzt ist es Zeit, unsere rechte, weibliche Gehirnhälfte weiterzuentwickeln!

Die »Göttin« hat ein Auge auf alle Missbrauchsthemen unseres Planeten geworfen, und lange Verdrängtes möchte nun endlich gesehen werden.

Überall brechen uralte Karmafelder auf und entladen sich zum Teil sehr zerstörerisch. Das ist gut so, denn die Erde muss ihren Energiemüll, der von uns allen stammt, endlich einmal loswerden!

Das Weibliche Äon fordert von uns allen mehr Verantwortung und Empathie. Es lädt uns ein, unser Leben zu überdenken und neue Entscheidungen zu treffen – die Entscheidung »für« oder »gegen« das Leben – »für« oder »gegen« unsere Erde.

Denn das Licht, das seit den 21.12.2012 aus dem Zentrum der Galaxie in das Herz unserer Erde einströmt, hat eine große transformatorische Reinigungskraft.

Es wird uns in den nächsten Jahrzehnten dabei helfen, unseren zum Teil destruktiven ausbeuterischen Lebensstil zu wandeln.

Unsere Zukunft liegt im Miteinander, im Bilden von Synergien und in der Bereitschaft, unsere Erde nicht länger nur als ein »Stück« Materie zu betrachten, von dem man sich nimmt, was man will oder zu brauchen meint.

Und hierbei haben wir Hilfe. Wir müssen es nicht alleine tun! Unsere kosmische Familie bietet uns an, wieder im Einklang mit den kosmischen Gesetzen, die zeitlos und ewig sind, zu leben. Sie hilft uns dabei, unseren Platz im großen kosmischen Geschehen einzunehmen und unsere Aufgabe darin zu verstehen.

Wir sind »Sternensamen«, die einen Auftrag haben – es ist kein Zufall, dass wir genau zu diesem quantenhaften Zeitpunkt auf der Erde sind!

Um es mit den Worten der Hopi-Indianer zu sagen: »Wir sind diejenigen, auf die wir gewartet haben!«

Schon seit langem übermitteln unsere kosmischen Helfer durch Channelings Informationen, um uns dabei zu helfen, unsere Verantwortung für die Erde zu übernehmen.

Seit dem Jahr 1995 werden mir immer wieder »Aufträge« übermittelt, die uns unterstützen sollen, uns selbst und unseren Planeten in ein höheres Bewusstsein zu führen.

Diese Aufträge beinhalten Themen wie globale Lichtverankerungen, das Lichtdreieck der Venus, Planetare Frauenarbeit, Megalithen-Vernetzungen weltweit und bis 2018, den »Vortex der Göttin« – die Spirale der Göttin –, um das Göttinnengitter aufzubauen.

Mit der rituellen Initiations- und Tempelarbeit – dem »Tempel der Fünf Elemente«, die im Mai 2014 begonnen hat, wird eine ganz neue Form der Heilung für unsere Seelenmatrix angeboten.

Im Januar 2014 wurde die Kosmische Akademie gegründet, deren Grundpfeiler die Lehre von Wahrhaftigkeit, Integrität und Göttlicher Ethik ist. Ziel ist es, eine neue Kosmische Datenbank aufzubauen, die generationsübergreifend Wissen für das Entstehen einer friedvollen, empathischen Gesellschaftsform anbietet.

Ausbildungen, wie die Lebendige Lichtmerkabah von Sirius, Kristalle der Liebe- das Energie und Lichtpunktschema von Andromeda und die Matrix Klangcodes erweitern unseren dreidimensionalen, linearen Horizont, indem wir lernen, uns in Quantenfeldern zu bewegen.

Das Wichtigste jedoch ist, mich als ein Teil des Ganzen zu verstehen und bei mir selbst anzufangen. – Hilfe gibt es genug, ich brauche nur offen dafür zu sein.

Ausbildungszyklus »Tempel der fünf Elemente«

Die Heilungstempel von Andromeda: Sieben Schritte der Initiation im »Tempel der Fünf Elemente«

Dieser außergewöhnliche Initiationszyklus unterscheidet sich grundlegend von herkömmlichen Workshops. Im Heiligen Raum des »Tempels der Fünf Elemente« – einem multidimensionalen Raum – wirst du mit Liebesfeldern rückverbunden, die dir auf einer tiefen inneren Ebene bekannt sind.

Du erinnerst dich wieder an den »Tempel der Regeneration« und die großen Rituale der Göttinnen-Ära aus uralten Zeiten. Hier wurden neues Leben und Felder für das Entstehen neuer Spezies erschaffen.

In der Matrix vieler Menschen sind diese Erinnerungen als eine Zeit großer Harmonie, Hingabe und Seelenerweiterung gespeichert. Zu dieser Zeit war noch ein direkter Austausch mit den feinstofflichen Welten, der kosmischen Lichtfamilie und Mutter Erde möglich.

Die Erfahrung, die dir während der siebentägigen Initiations- und Heilungsarbeit angeboten wird, ist die Erneuerung des alten Abkommens zwischen den Andromeda-Galaxien und uns Menschen.

Der »Tempel der Fünf Elemente« ist ein Heiliges Feld der Göttlichen All-Liebe. In der Heilungsarbeit werden die Energiefelder dieses Tempels geöffnet, um jene, die den Initiationsweg suchen, zu unterstützen.

Die Wesenheiten von Andromeda haben sich bereiterklärt, dabei zu helfen, uralte Matrixspeicherungen, die unsere Entwicklung behindern, in Liebe aufzulösen. Das ist eine tiefgreifende Erfahrung für die Seelen-Matrix, denn sie schwingt auf der Ur-Frequenz des Göttlichen.

Durch die starke Verdichtung der Materie vieler Inkarnationen wurde ein »dunkler Schleier« über die hochfrequente Seelen-Matrix gezogen. Mit den sieben Schritten und Ritualen der Initiation der Tempelarbeit wird dieser Matrix-Schleier verfeinert und ins Licht zurückgeführt.

Eine jede Seele, die sich von dieser Initiationsarbeit angezogen fühlt, hat auf einer höheren Ebene eine Verabredung mit Andromeda getroffen. Im »Buch des Lebens« dieser Seele steht bereits geschrieben, dass sie sich in dieser Inkarnation von alten »Matrix-Schleiern« lösen kann.

In den »Sieben Tagen der Einweihung« wird mit den inneren Meister/innen, den inneren Heiler/innen einer jeden Person direkt gearbeitet. Neue DNA-Areale werden geöffnet und alte Blockaden gelöst.

Über Töne, Klänge, Essenzen, Farben, tiefgehende Meditationen und Rituale bekommst du Zugang zu deiner inneren und deiner Seelen-Matrix-Geometrie. Ein großes Feld der Heilung wird geschaffen!

Im Rahmen des Ausbildungsprogramms der Kosmischen Akademie wird dieses Wissen in regelmäßig stattfindenden Initiationszyklen gelehrt.

GALACTICNETWORK – DIE KOSMISCHE AKADEMIE

Ingrid Keminer

Ingrid Keminer

Die Autorin Ingrid Keminer hat im Jahr 1995 »Galacticnetwork« gegründet und arbeitet seit dieser Zeit international als Channel, Workshop- und Seminarleiterin. Als spiritueller Coach und als Mentorin der von ihr im Jahr 2014 initiierten »Kosmischen Akademie« lehrt sie »Kosmisches Wissen«, das somit wieder einer breiten Öffentlichkeit zugänglich gemacht wird.

Ziel ist, das Bewusstsein des Menschen so zu erweitern, dass sich aus einer dualen eine multidimensionale Gesellschaftsform entwickeln kann.

In Seminaren sowie Ausbildungen wird der Mensch in seiner Gesamtheit betrachtet, geschult und gefördert. Durch das Erkennen der eigenen Licht- und Schattenseiten werden Stärken wahrgenommen und Potentiale entdeckt. Schwächen können akzeptiert und gewandelt werden. Dieser innere Prozess der Selbstfindung ermöglicht, die Verantwortung für sein Leben zu übernehmen und es neu auszurichten.

Durch die Stärkung der Persönlichkeit wandelt sich der Fokus von der reinen Ich-Bezogenheit zu einer gemeinschaftsorientierten. Eine größere Zufriedenheit in allen Beziehungen – Natur, Tier und Mensch – entsteht. Dies führt zu verantwortungsbewusstem Handeln gegenüber der Umwelt und dem Planeten.

Spiritualität wird als etwas ganz Natürliches, Reales und Selbstverständliches im Alltag wahrgenommen und gelebt. Das gibt Orientierung und Sicherheit.

Die Arbeit von Ingrid Keminer

Ingrid Keminer kanalisiert als multidimensionaler Channel unterschiedliche Frequenzbereiche aus verschiedenen Dimensionen und Sternensystemen. Sie ist direkt mit dem Kosmischen Wissen Hoher Lichtentitäten verbunden.

Seit dem Jahr 2000 wurde ihr von AKTABAN VON SIRIUS der Ausbildungszyklus »Die Licht-Merkabah von Sirius« übermittelt. Bei dieser Ausbildung werden 36 Entwicklungsstufen für den Transformationsprozess »Mensch, Kollektiv und Erde« unterrichtet. Seit 2002 empfängt sie von IANA VON ANDROMEDA das »Energie- und Lichtpunktschema von Andromeda«, ein Quantenheilungstool, bei dem der Mensch bereits kristalline Energien integriert. »Die Lemurischen Matrix-Klangcodes« sind ein Heilungstool, das über Töne und Klänge mit der Seelenmatrix arbeitet und die Resonanzgesetze des Kosmos verständlich macht.

Das Erwachen der neuen weiblichen Energie bei Mann und Frau findet in gemeinsamen Ritualen, der Frauenarbeit sowie der globalen Vernetzung des Göttinnengitters statt. Hierzu gehören auch die Seminare »Fünf Elemente Tempel« und »Der Circle der Göttin«.

Wichtiger Bestandteil der Arbeit von Ingrid Keminer sind gemeinsame Reisen im Dienst von Mutter Erde: Von 2003 bis 2012 reiste sie mit Gruppen, um Monolithen und Megalithen auf der ganzen Welt durch Lichtverankerungen miteinander zu vernetzen. Seit 2013 steht die Aktivierung der »Göttinnen-Vortexe« im Vordergrund. Damit wird das gespeicherte »Alte Wissen« über die »Weiblich-göttliche Energie«, die in allem und jedem wirkt, wieder ins planetare Feld zurückgelesen.

Die Kosmische Akademie

Anfang 2014 wurde Ingrid Keminer der Auftrag gegeben, eine neue Mysterienschule, die »Kosmische Akademie«, zu gründen.

Es geht darum, eine Plattform zu schaffen, die als sogenannte »multidimensionale Datenbank« kosmisches Wissen im planetaren

Feld verankert. Die »Kosmische Akademie« basiert auf Wahrhaftigkeit, Integrität und die Ausrichtung auf die Göttliche Ethik.

Als Channel kanalisiert Ingrid Keminer dabei 13 kosmische Mentoren, die universelles Wissen lehren. Ziel dieser Mysterienschule ist eine »Kosmische Allgemeinbildung«, die das einseitig duale »Scheibchendenken« unserer linearen Gesellschaft verändern wird. Hierbei stehen jedoch weniger Ratio und Intellekt im Vordergrund, sondern die »weibliche Art« des Lernens. Das geht nur über die Aktivierung der rechten Gehirnhälfte, denn nur »gefühltes« Wissen ist bleibendes Wissen und erzeugt Bewusstsein!

Wichtig ist, den Horizont zu erweitern und »kosmisch« denken zu lernen, denn mit Beginn des »Weiblichen Äons« am 22. Dezember 2012 hat unsere Zukunft – die Entwicklung zum »Kosmischen Menschen« – begonnen. Das multidimensionale Verstehen der Zusammenhänge von Kosmos, Mensch und Erde ist dabei wie ein Star Trek, eine Sternenreise, in die nächste Stufe unserer Evolution.

Die »Kosmische Akademie« richtet sich an Menschen, die eine klare deutliche Spiritualität suchen und bereit sind, die Verantwortung zu übernehmen und dabei mitzuhelfen, generationsübergreifend eine Kosmische Datenbank aufzubauen.

Die »Kosmische Akademie« ermöglicht jedem, aktiv die Zukunft der Erde mitzugestalten. Das beinhaltet, sowohl die persönliche Entwicklung vom Kopf- zum Herzmenschen als auch Mitschöpfer einer neuen emphatischen Weltordnung für zukünftige Generationen zu sein.

Multidimensionales Erfahren, Verstehen und Handeln erfordert dabei eine hohe Kompetenz, Integrität und Verantwortung, die übernommen werden muss!

Die nachfolgenden »Zehn Thesen«, die die Hohe Lichtwesenheit HERAKLIMUS bereits im Jahr 2005 übermittelt hat, bilden die Grundethik der Lehre der Akademie.

DIE ZEHN THESEN VON HERAKLIMUS

LEBE REIN

Reinige deine Gedanken und Gefühle.

LEBE KLAR

Halte einen klaren Fokus.

LEBE LIEBEVOLL

mit dir und anderen.

LEBE OFFENHERZIG

Halte dein Herz geöffnet.

SCHEUE DICH NICHT, DIE WAHRHEIT ZU SAGEN

Lebe wahrhaftig mit dir selbst und anderen.

ENTWICKLE DICH ZU EINER HOCHFREQUENTEN PERSON
Scheue nicht die Mühe, dich zu entwickeln, um dich mit deiner eigenen Seelenfrequenz rückzuverbinden.

SIEH ZU DIR SELBST
nicht auf andere.

SEI STARK IN DEINEM AUSDRUCK
in deiner Kommunikation.

KOMMUNIZIERE ÜBER DEIN HERZ
nicht über den Verstand.

WERDE EINS MIT ALLEN 10 PUNKTEN
und überprüfe dies täglich!

Überprüfe dich in deinem Wirkungskreis, in deinen Gedanken und in deinen Gefühlen.

DIE KOSMISCHEN WESENHEITEN

Ingrid Keminer übermittelt als multidimensionaler Channel die Energien Hoher Lichtentitäten, deren wunderbare Geschichten, Gebete und Meditationen in diesem Buch niedergeschrieben sind. Nachfolgende »Autoren« kamen hier zu Wort:

INNANA'HA ist eine galaktische Wesenheit, die uns in bildhaften und berührenden Geschichten die Entstehung unserer Erde aus kosmischer Sicht erzählt.

INNAHANA ist eine Wesenheit aus interstellaren Räumen. Sie berichtet über »interstellares Wissen« sowie den Initiationszyklus »Tempel der fünf Elemente – Die fünf Säulen des Lebens«.

HERAKLIMUS ist mit den Energien von Andromeda verbunden. Er übermittelte mit den »Zehn Thesen« die Richtlinien für die Entwicklung zum »Adam Kadmon«, dem göttlichen Menschen.

ISIS ist die ägyptische Göttin von Geburt, Wiedergeburt und Magie. Sie verbindet uns mit den weiblichen Mysterien.

SAINT GERMAIN ist ein Aufgestiegener Meister der Weißen Bruderschaft, Lenker des siebten violetten Strahls der zeremoniellen Magie und Lehrer der Neuen Zeit über den »Transformationsprozess der Erde«.

DJWAL KHUL ist ein Aufgestiegener Meister aus Tibet. Er beschäftigte sich speziell mit der Wissenschaft der Heilkunst und lehrt »das geheime Heilwissen von Tibet« sowie die »Veränderung der Zellfrequenz und DNA-Mutation«.

ENRY NAHU KAYA'NA gibt tiefe Einblicke in das Wissen von Innererde und erinnert den Menschen an seine Verantwortung.

DANKSAGUNG

Mein Dank aus tiefstem Herzen geht vor allem an die Geistigen Ebenen, die durch die Übermittlung der Kosmischen Weisheiten dieses Buch ermöglicht haben.

Ebenso an die wunderbare Wesenheit **INNANA'HA**, die uns wieder mit den Mysterien des uralten Wesens von Mutter Erde verbindet. Durch sie hat sich mein Verständnis für die universellen Zusammenhänge von Kosmos, Mensch und Erde immens erweitert. Es ist mir ein Herzensanliegen, dieses an alle weiterzugeben.

Von Herzen danke ich auch meinen Verlegern Johanna und Andreas Lentz, deren Feingefühl für das Thema diesem Buch die entsprechende Ausdrucksmöglichkeit gab. Sie haben erkannt, wie wichtig die Botschaft der Wandlung für das Weiterbestehen unserer Spezies auf unsrem schönen Juwel – Mutter Erde – ist.

Mein ganz besonderer Dank aber gilt Cornelia, die schon so lange unterstützend an meiner Seite steht. Sie gab dem Buch die entsprechende Form, indem sie die Geschichten liebevoll und harmonisch zusammenfügte.

Des weiteren danke ich allen meinen wunderbaren »Studenten und Studentinnen« der Kosmischen Akademie, die mich durch ihre Treue und ihr Vertrauen immer wieder gestärkt und meinen Weg unterstützt haben.

Alles teilt den einen Atem

»Spirituell« leitet sich ab von »spirare«, atmen. Bei der Spirituellen Ökologie geht es darum, nicht nur zu wissen, sondern leiblich zu erfahren, dass wir als Menschen den einen großen Atem der Natur mit allen Lebewesen auf dieser Erde teilen. Was einem Teil des Gefüges zustößt, betrifft das Ganze, uns alle!

Diese brandaktuelle Sammlung von Essays, geschrieben von Leitfiguren der Spiritualität und des Umweltschutzes rund um die Welt, beleuchtet den grundlegenden Zusammenhang unserer gegenwärtigen ökologischen Krise mit unserem fehlenden Bewusstsein für die Heiligkeit der Schöpfung. Diese 20 Beiträge zeigen uns, wie die Menschheit ihre Beziehung zur Erde wandeln und erneuern kann.

Llewellyn Vaughan-Lee (Hrsg.)
Spirituelle Ökologie
Der Ruf der Erde
Paperback, 256 Seiten
ISBN 978-3-89060-654-5

»Kleines Mädchen« spielt nicht, sie betet auf ihrer Flöte, und wenn sie das tut, können alle Menschen die Naturgeister sehen und ihre Verbindung mit allem, was lebt, fühlen. Doch dann werden immer mehr Häuser und Fabriken und Straßen gebaut, und keiner will mehr die Flöte hören. Erst als der Fluss gestorben ist, erinnern sich die Menschen an die Flötenfrau, doch die Naturgeister bleiben verschwunden. Doch als ihr Freund Quill, der sie dereinst zu der Flöte geführt hatte, wieder auftaucht, geschieht die Wende.

Dies ist ein Buch, ein Märchen, ein Lied, das von Mut und Zuversicht erfüllt ist und das sicherlich noch viele Herzen berühren wird.

Tony Shearer
Die Gebetsflöte
Das Lied der Mutter Erde
Mit Bildern von Johanna Lentz
Klappenbroschur, 96 Seiten, durchgehend vierfarbig
ISBN 978-3-89060-692-7

Die Erde spricht

Ana Pogačnik kann, nicht zuletzt aufgrund der Zusammenarbeit mit ihrem Vater Marko, einen innigen medialen Kontakt zu der Landschaft aufbauen, in der sie sich aufhält. Über die Jahre hat sie viele Orte bereist, und wenn sie sich auf sie einstimmt, dann vernimmt sie ihre Botschaft. In 44 »Briefen« sprechen diese Landschaften zu uns Menschen. Es sind intensive Botschaften, auf die wir uns einlassen, die wir in uns nachhallen und lebendig werden lassen müssen.

Sie öffnen uns für eine neue Dimension der geomantischen Arbeit und für ein gewandeltes Verhältnis zur Erde als einem bewussten und beseelten Wesen.

Ana Pogačnik
Die Erde liebt uns
Wenn die Landschaften sprechen:
Briefe an uns Menschen
Paperback, 192 Seiten
mit 44 Zeichnungen
ISBN 978-3-89060-608-8

Für eine Zivilisation des Herzens

Dieses Buch ist als Dialog entstanden. Es ist das Gespräch zweier Menschen, die sich Gedanken darüber machen, wie unsere Zivilisation einen Weg aus der Sackgasse finden kann, in die sie geraten ist. Dass sie sich in einer Sackgasse befindet, wird immer deutlicher. Doch wie kann eine zukünftige Gesellschaft aussehen, damit sie sowohl den Menschen als auch den – ob sichtbaren oder unsichtbaren – Naturreichen gerecht wird, ebenso wie den geistigen Wesenheiten und den gerade nicht in der Materie verkörperten Menschen?

Der bekannte Autor und Geomantiepraktiker Marko Pogačnik hat mit seinen »Sieben Grundsteinen der neuen Ethik« und den »Neun Geboten der Göttin« versucht, die Grundlagen einer neuen Zivilisation zu beschreiben, die sowohl den Menschen als auch den – ob sichtbaren oder unsichtbaren – Naturreichen gerecht wird. Im Austausch mit dem Geomanten Radomil Hradil wird dieses Anliegen deutlich herausgearbeitet und uns nahegebracht.

Marko Pogačnik, Radomil Hradil
Gaiakultur
Der Weg zu einer Zivilisation der erwachten Herzen
Paperback, 174 Seiten, mit 30 Zeichnungen von M. Pogacnik
ISBN 978-3-89060-636-1

Sie finden unsere Bücher in Ihrer Buchhandlung oder im Internet unter www.neue-erde.de

Im deutschen Buchhandel gibt es mancherorts Lieferschwierigkeiten bei den Büchern von NEUE ERDE. Dann wird Ihnen gesagt, dieses oder jenes Buch sei vergriffen. Oft ist das gar nicht der Fall, sondern in der Buchhandlung wird nur im Katalog des Großhändlers nachgeschaut. Der führt aber allenfalls 50% aller lieferbaren Bücher.

Deshalb: Lassen Sie immer im VLB (Verzeichnis lieferbarer Bücher) nachsehen, im Internet unter **www.buchhandel.de**

Alle lieferbaren Titel des Verlags sind für den Buchhandel verfügbar.

Bitte fordern Sie unser Gesamtverzeichnis an unter

NEUE ERDE GmbH

Cecilienstr. 29 · 66111 Saarbrücken

Fax: 0681 390 41 02 · info@neue-erde.de

www.neue-erde.de